古典文獻研究輯刊

三四編

潘美月・杜潔祥 主編

第24冊

陳景雲《文選舉正》疏證
（第三冊）

范志新 著

國家圖書館出版品預行編目資料

陳景雲《文選舉正》疏證（第三冊）／范志新 著 -- 初版 --
新北市：花木蘭文化事業有限公司，2022〔民 111〕
目 2+196 面；19×26 公分
（古典文獻研究輯刊 三四編；第 24 冊）
ISBN 978-986-518-879-5（精裝）
1.CST：文選舉正 2.CST：文選學 3.CST：文學評論
011.08 110022685

ISBN-978-986-518-879-5

古典文獻研究輯刊
三四編 第二四冊 ISBN：978-986-518-879-5

陳景雲《文選舉正》疏證（第三冊）

作　　者 范志新
主　　編 潘美月、杜潔祥
總 編 輯 杜潔祥
副總編輯 楊嘉樂
編輯主任 許郁翎
編　　輯 張雅淋、潘玟靜、劉子瑄 美術編輯 陳逸婷
出　　版 花木蘭文化事業有限公司
發 行 人 高小娟
聯絡地址 235 新北市中和區中安街七二號十三樓
電話：02-2923-1455／傳真：02-2923-1452
網　　址 http://www.huamulan.tw 信箱 service@huamulans.com
印　　刷 普羅文化出版廣告事業
初　　版 2022 年 3 月
定　　價 三四編 51 冊（精裝）台幣 130,000 元

陳景雲《文選舉正》疏證
（第三冊）

范志新 著

目次

第三冊

文選卷十四

赭白馬賦一首並序　顏延年

題下注：劉芳《毛詩義證》曰：彤曰雜毛曰駮。彤，赤也，即赭白也。

【陳校】

注「彤曰雜毛」。「曰」，舊本作「白」。

【疏證】

奎本以下諸六臣合注本、尤本悉作「白」。謹案：《說文·赤部》「赭，赤土也。」善注「彤，赤也」，故「彤曰」，之「曰」必「白」之譌也。同理，由善注「彤，赤也，即赭白也」亦可推「曰」必「白」之譌。檢《漢書·梅福傳》：「一色成體，謂之純；白、黑雜合謂之駮。」朱氏《說文叚借義證·馬部》：「駮、駮聲同，形尤近，故駮可為駮之叚借。」兩條釋「駮」，可為善注「彤白」即「赭白」之旁證。毛本獨涉下「曰」字而譌，奎本諸六臣合注本及尤本皆可當陳校所謂之「舊本」。

趫迅而已　注：《毛詩》曰：四牡有蹻。毛萇曰：蹻，壯貌。趫，與蹻同。

【陳校】

注「四牡有蹻。」按：《詩》本作「驕」字，毛《傳》同。疑當引「四牡蹻蹻，毛《傳》：蹻蹻，壯貌。」

【疏證】

贛本、尤本同。語見《毛詩注疏・大雅・崧高》。正作「四牡蹻蹻」，毛《傳》:「蹻蹻，壯貌。」善引《毛詩》，見《碩人》「四牡有驕。」毛《傳》:「驕，壯貌。」「驕」，與正文「趫」、注文「趫，與蹻同」語，畢竟欠切。當從陳校。本條亦前胡《考異》漏錄、漏校者。

我高祖之造宋　注：沈約《宋書》曰：高祖武皇帝……受晉禪。

【陳校】

注「受晉禪」。「禪」，「禪」誤。

【疏證】

奎本以下諸六臣合注本、尤本悉作「禪」。謹案:《宋書》見《符瑞志上》，正作「受晉禪」。

「禪」，祭名，或作祭服。見《龍龕手鑒》等。字與「禪」形近，毛本因誤。陳校當從《宋書》正之。

秘寶盈於玉府　注:《周禮》曰：玉府掌王之金玉玩好。《尚書》曰：王府則有。

【陳校】

注引《周禮》、《尚書》,「王」、「玉」互異，必有誤。

【集說】

胡氏《考異》曰:「王府則有。」陳云:「王、玉互異，必有誤。」今案：各本皆同，無以訂也。

梁氏《旁證》曰：陳曰:「王府則有。」「王」、「玉」互異，必有誤。

胡氏《箋證》曰：注「王」、「玉」互引，此亦如《魏都賦》注「庶土」、「庶士」之例。

許氏《筆記》曰：注「《尚書》曰：王府則有」，當是後人妄加削。

【疏證】

奎本、明州本、贛本、尤本同。建本引《尚書》亦作「玉府」。洪氏《讀書叢錄》卷十一「玉府」條，案云:「今《尚書・五子之歌》作『王府則有』，是譌字」，說與許氏同。謹案:《周禮》語見《周禮注疏》卷六「大府」，作

「玉」。《尚書》語見《夏書・五子之歌》，作「王」。蔡邕所書《石經尚書》止今文三十四篇，並無《五子之歌》，恐「王」、「玉」互異，亦與此有關涉。毛本當從尤本等。陳校疑以存疑，前胡亦云「無以訂也。」不似後人輕改，是可效法。

又注：《左氏傳》曰：宋人以馬百駟贖華元。

【陳校】

注「宋人以馬百駟」。「馬」上，舊本有「文」字。

【集說】

胡氏《考異》曰：「以」下，當有「文」字。各本皆脫。陳云「別本有。」今未見。

梁氏《旁證》曰：「馬」上，當有「文」字。

【疏證】

奎本以下諸六臣合注本、尤本脫同。謹案：事見《春秋左傳注疏・宣公二年》有「文」字。《藝文類聚》卷九十三、《太平御覽》卷八百九十三引《左傳》並有「文」字。吳淑《事類賦》卷二十一「贖華元之百駟」注引作「大」，當與「文」形近而譌。毛本當誤從尤本等，陳校是。陳所謂「舊本」，前胡又云「今未見」。

妙簡帝心　注：潘安仁《夏侯湛詩》曰：妙簡邦良。

【陳校】

注「《夏侯湛詩》」。「詩」，舊本作「誄」。

【疏證】

奎本、明州本、建本誤同。贛本、尤本作「誄」。謹案：語見本書潘《誄》。本書王元長《永明十一年策秀才文》「妙簡銅墨」注引亦作「誄」字。毛本當誤從建本等，毛本當誤從建本等，陳校當據尤本等正之。

文教迄已優洽　注：孔安國曰：修文教也。

【陳校】

注「孔安國曰」。「曰」上，舊本有「注」字。

【疏證】

奎本以下諸六臣合注本、尤本悉脫。謹案：孔語，見《尚書注疏・牧誓》注。毛本當誤從尤本等，陳校是。未知陳校所謂「舊本」何指。此亦前胡漏錄、漏校者。

考方載于往牒 注：《說文》：礼，牒也。

【陳校】

「礼」，舊本作「札」。

【集說】

余氏《音義》曰：「礼，牒也。」「礼」，何改「札」。

許氏《筆記》曰：案：《說文》：「札，牒也。從木乙聲。」其字似「礼」，「礼」，古文「禮」。昧者遂妄改為「禮」。

【疏證】

奎本、明州本誤同。贛本、尤本、建本作「札」，不誤。謹案：本書顏延年《贈王太常》「遙懷具短札」注、《古詩十九首（凜凜）》「遺我一書札」注引並作「札」。《集韻・薺韻》：「禮，古作礼」。許巽行所言，是也。禮，古文作「礼」，與札形近，遂有昧者妄改為「禮」。毛本或從他本而譌，陳、何校是也。

掩七戎而得駿 注：《爾雅》曰：七戎四蠻。

【陳校】

注「七戎四蠻」。「四」，舊本作「六」。

【疏證】

奎本以下諸六臣合注本、尤本悉作「六」。謹案：《爾雅》見《釋地》篇，正作「六」。《史記》「四海之內」正義引、《後漢書・班固傳》「之所以基皇德也」注引「《爾雅》」並同。《毛詩注疏・蓼蕭序》鄭《箋》亦作「七戎六蠻」。此毛本獨傳寫涉下文「謂之四海」而誤。諸六臣合注本、尤本並可當陳校所謂「舊本」矣。

故能代驂象輿　注：《韓子》曰：皇帝合鬼神於泰山。

【陳校】

注「皇帝合鬼神於泰山。」「皇」，舊本作「黃」。

【疏證】

奎本以下諸六臣合注本、尤本悉作「黃」。謹案：語見《韓非子・十過》，正作「黃」，《後漢書・班固傳》「雨師汎灑」章懷注引《韓子》同。吳語「黃」、「皇」不分，此毛本獨誤。陳校是，諸六臣合注本、尤本並可當陳校所謂「舊本」矣。

垂稍植髮

【陳校】

「稍」，舊本作「梢」。

【集說】

許氏《筆記》曰：《說文》：「稍，出物有漸也。從禾、肖。所教切」、「梢，木杪也，所交切」、「杪，木標末也」。當為「垂梢」。

【疏證】

諸《文選》本咸作「梢」，諸六臣合注本、尤本注並同。謹案：《初學記》「顏延之《赭白馬賦》」條注引亦作「梢」。「稍」、「梢」之義，許氏引《說文》，辨之甚晰。毛本獨因形近而誤，陳校是。

超攄絕夫塵轍　注：劉歆《遂初賦》曰：馬龍騰以超攄。

【陳校】

「超攄絕夫塵轍。」「攄」，當作「攄」。

【疏證】

諸《文選》本咸作「攄」。諸六臣合注本、尤本並注作「攄」。五臣正德本、陳本濟注亦云「超攄驅騖，行走貌。」《初學記》「顏延之《赭白馬賦》」條注引亦作「攄」。《後漢書・張衡傳（思玄賦）》「八乘攄而超驤」章懷注：「攄，猶騰也。」顏賦「超攄」即出張賦。作「超攄」，不辭。此毛本獨因形近而誤，陳校是。

王于興言，闡肆威稜　注：《毛詩》曰：王于興師。《漢書》：武帝報李廣曰：威稜憺乎鄰國。又曰：興言出宿。《聲類》曰：闡，大開也。賈逵《國語注》曰：肆，習也。

【陳校】

注「王于興師」下，舊本接「又曰」至「習也」廿二字，再接「《漢書》」。

【集說】

胡氏《考異》曰：注「《漢書》：武帝報李廣曰：『威稜憺乎鄰國』」。案：此十四字當在「肆，習也」下。陳云：「別本『王於興師』下，接『又曰至習也』廿二字，再接《漢書》。」今未見。

梁氏《旁證》曰：注「又曰：興言出宿」。按：此當在「《毛詩》曰：王于興師」下，此誤倒於引「《漢書》」下。

【疏證】

奎本以下諸六臣合注本、尤本悉倒。謹案：「興言出宿」，語見《毛詩注疏・小雅・小明》；「王于興師」見同書《秦風・無衣》，且後者冠以「又曰」，自當緊承其後。陳校是也。毛本當誤從尤本等。前胡於陳校，複置「今未見」之評，蓋因六臣合注本與單善注尤本並未見有不誤植者。

睨影高明　注：《相馬經》曰：馬有眄影而視者。

【陳校】

「明」，舊本作「鳴」。

【集說】

孫氏《考異》曰：「明」，六臣本作「鳴」。

許氏《筆記》曰：「高明」。「明」與「鳴」古字通。見陸機《長安有俠邪行》及《擬今日良宴會》詩注。嘉德案：《玉海》作「高鳴」。六臣茶陵本、袁本作「鳴」。

【疏證】

諸《文選》本咸作「鳴」。謹案：郭氏《九家集注杜詩》、宋・黃希原本、黃鶴補注《杜詩・驄馬行》「隅目青熒夾鏡懸」注引並作「鳴」。五臣翰曰：「馬有視影高鳴者，良馬也。」是五臣作「鳴」。許云「明與鳴古字通」，蓋出本書善注。《長安有俠邪行》見「欲鳴當及晨」句注「《春秋考異(記)[郵]》曰:『雞應旦明。』明與鳴同,古字通也」。《擬今日良宴會》,見「揚聲當及旦」句注「《春秋考異郵》曰:『鶴知夜半,雞應旦明。』明與鳴同,古字通。」今檢本書李蕭遠《運命論》「里社鳴而聖人出」注:「《春秋》潛潭巴曰:『里社明,此里有聖人出。其呴百姓歸天辟亡。』宋均曰:『里社之君鳴,則教令行。教令明,惟聖人能之也。呴鳴之怒者,聖人怒則天辟亡矣。湯起放桀時,蓋此祥也。』明與鳴古字通」。足證李善作「明」,容有內在邏輯依據。毛本則好古,其作「明」,非或有版本來歷,即據本書上述內證爾。陳校可備異聞,不得據以擅改。本條足見毛本在今日,亦自有其不可輕忽之版本價值。

角壯永埒　注:曹毗《馬射賦》曰:脩埒垣共平舒。

【陳校】

注「脩埒垣共平舒。」「垣」,舊本作「坦」。「共」,疑「其」誤。

【疏證】

奎本作「垣其」。明州本、贛本、尤本、建本作「坦其」。謹案:《海錄碎事》卷二十二上、《玉海》卷七十五引並作「坦其」。「垣」字,蓋涉「埒垣(圍牆)」辭而譌;「其」與「共」蓋形近而誤。陳校當從尤本等正之。

捷趫夫之敏手　注:《廣雅》曰:蹻,健也。

【陳校】

注「蹻」當作「趫」。

【疏證】

奎本以下諸六臣合注本、尤本悉同。謹案:《廣雅》見《釋詁》二,正作:「蹻,健也。」(健與健同)。錢大昭《疏義》:「蹻,與趫,古字通。」《說文通訓定聲·小部》:「蹻,叚借為趫。」然則,趫為本字,蹻為借字。檢唐·王冰注《黃帝內經·素問·異法方宜論》:「其治宜導引按蹻」注:「蹻,謂捷舉手足。」其注與本條正文句意密切無間,字則正從足(「蹻」)也。故陳氏不必以正文改注也。或補善注「蹻,與趫,古字通。」反得。

緣蛇衛轂　注：《尚書・中侯》曰：龍馬，赤文綠色。

【陳校】

注「《尚書・中侯》」。「侯」，「候」誤。

【疏證】

奎本以下諸六臣合注本、尤本悉作「候」，不誤。謹案：語見《古微書・中候握河紀》，正作「候」。本篇「實有騰光吐圖」注引亦作「候」，不誤。《事類賦》卷二十一「或吐甲而臨壇」注引亦作「候」。毛本傳寫偶因形、音兩近而誤。陳校當據《尚書》、尤本等正之。

肆于人上　注：肆，敢縱也。《左氏傳》杜預曰：肆，恣也。

【陳校】

注「肆，敢［縱］也。」舊本無此四字。

【疏證】

奎本同。明州本、尤本作「肆，敢也」。贛本、建本正無此四字。謹案：下既有「杜預曰肆，恣也」，便不當有此四字。陳校所謂「舊本」，贛、建二本可以當之。本條亦前胡漏錄漏校者。周鈔迻錄陳校「敢」下脫「縱」字。已補正。

息徒解裝　注：稽康《贈秀才詩》曰。

【陳校】

注「稽康」。「稽」，「嵇」誤。

【疏證】

奎本以下諸六臣合注本、尤本悉作「嵇」。謹案：嵇康詩載在本書。毛本獨誤，本書應吉甫《晉武帝華林園集詩》「游心至虛」注引誤同。古文獻多見此誤。

振民隱　注：《小雅》曰：振，救也。

【陳校】

注「《小雅》」。當作「《小爾雅》」。

【疏證】

奎本以下諸六臣合注本、尤本悉同。謹案：凡李注「小爾雅」，並作「小雅」。參上《西都賦》「度宏規而大起」條等。然不改亦可。

劾足中黃 注:《漢書舊儀》曰。

【陳校】

注「《漢書舊儀》」。「書」字，疑衍。

【集說】

胡氏《考異》曰：陳云：「書字疑衍。」是也，各本皆衍。

梁氏《旁證》曰：陳校去「書」字，是也。

【疏證】

奎本以下諸六臣合注本、尤本衍悉同。謹案：衛敬仲有「《漢舊儀》四卷」，《隋書·經籍志》未見「漢書舊儀」。參上《西京賦》「通天訬以竦峙」條。

舞鶴賦一首 鮑明遠

帀日域以迴騖，窮天步而高尋

【陳校】

「迴」，當作「迥」。

【疏證】

五臣陳本、奎本以下諸六臣合注本、尤本誤同。惟五臣正德本作「迥」。謹案：良注曰：「日域、天步，言至遠也。言能窮徧天下而為遊焉。」已證正德本作「迥」，不誤。觀與下句「高」字相對，足可佐證作「迥」為是。由此可推善本亦為「迥騖」。六臣合注本、單善注本作「迴」者，或後人欲避上文「抱清迥之明心」，或以「迥」、「迴」形近傳寫譌「迥」為「迴」耳。五臣陳本當從尤本等誤改。本條可見五臣正德本雖明刻，然在保存五臣本原貌上遠勝宋刻陳本。

舞飛容於金閣 注:《相鶴經》云:七年飛薄雲漢。復七年學舞。又七年舞應節。

【陳校】

注「又七年」。當作「又三年」。

【疏證】

奎本、明州本、贛本、尤本同。建本獨作:「《相鶴經》云:舞飛,注見前。」謹案:本賦首「偉胎化之仙禽」注引《相鶴經》作「復三年應節」,即建本所謂「前注」,然檢建本亦作「七」。又本書《西京賦》「若驚鶴之羣羆」注引《相鶴經》作「又七年舞應節。」《初學記》卷三十、《太平御覽》卷九百十六、《古今事文類聚》後集卷四十二引悉作「七」。今但玩味三句句例,亦當以重複為得,陳校誤矣。陳校所據即本篇首注所誤者也。毛本當從尤本等,不誤。

忽星離而雲罷　注:《韓子》曰:雲罷霧濟,而龍與螾蟻同矣。

【陳校】

注「雲罷霧濟。」「濟」,舊本作「霽」。

【集說】

顧按:「濟」字是也,見《史・宋世家》、《爾雅・釋天》。

【疏證】

奎本以下諸六臣合注本、尤本悉同。謹案:語見《韓非子・難勢》引《慎子》說,正作「霽」。然「濟」與「霽」並從「齊」得聲,並有「止」義,故字當得通。《說文・雨部》:「霽,雨止也。」段注:「濟,古多訓『止』者……許云『雨止』者,以訓詁字易其本字耳。凡『止』,曰『濟』,『雨止』,則有『霽』字。」《爾雅・釋天》:「淫謂之霖,濟謂之霽」郭璞注:「今南陽人呼『雨止』為霽。」並是濟、霽相通之證。《淮南子・覽冥篇》:「於是風濟而波罷」,句例正同《韓子》,足證顧按是,無須改也。毛本當從尤本等,陳校未免拘泥。

幽通賦一首　班孟堅

氏中葉之炳靈　注:應劭曰:乳虎,故曰炳靈。《漢書》:班氏之先,與楚同姓,令尹子文之後。子文初生,棄于夢澤中。虎乳之。

【陳校】

注「乳虎,故曰炳靈。」按:「乳虎」當從《漢書》注作「虎乳」。

【集說】

胡氏《考異》曰：何校「乳虎」改「虎乳」。陳云：「當從《漢書》注作『虎乳。』」案：所校是也，各本皆倒。

梁氏《旁證》同胡氏《考異》。

【疏證】

奎本作「虎乳」。明州本首誤倒作「乳虎」，贛本、尤本、建本遞相踵之。謹案：《漢書・敘傳》「氏中葉之炳靈」應劭注云：「虎乳，故曰炳靈」，此即陳校所謂「《漢書》注」。毛本蓋誤從尤本等。陳、何校從《漢書》注正之。陳校有「當從《漢書》注」云云，可證陳校未見奎本及其也。五臣良注「靈胄，謂虎乳也」。是五臣亦不倒。奎本、明州本應劭注先於引《漢書》，是；而於應、《漢》之間加「善曰」，則誤。蓋不知此處應注係善直接援引，與為篇首標明舊注者所引不同。贛本、建本襲明州本，又引《漢書》先於應注。誤中益誤。尤本取明州本，引應劭先於《漢書》、應、《漢》之間刪「善曰」，則是。毛本蓋從尤本。本條諸本遞變現象，於深入認識善注舊注體例有大裨益。

雄朔野以颺聲　注：曹大家曰：言己先人自楚從北至朔方。

【陳校】

注「先人自楚從」。「從」，舊本作「徙」。

【疏證】

贛本誤同。奎本、明州本、尤本、建本作「徙」。謹案：《漢書》注作：「應劭曰：言先祖自楚遷北」，可為作「徙」之佐證。毛本當誤從贛本，明、尤、建三本等，可當陳校之所謂「舊本」。

又注：《漢書》曰：班懿避地於樓煩。

【陳校】

注「班懿避地樓煩。」「懿」，當作「壹」。

【集說】

梁氏《旁證》曰：「懿」，當從《漢書》作「壹」。顏注：「今流俗書本多改此《傳》『壹』字為『懿』。非也。」

許氏《筆記》曰：注「班懿」，《漢書》作「班壹」。師古曰：「今流俗書本多改」云云。案：師古之說泥矣。「壹」之為「懿」，聲之轉也。《易》「天地絪縕。」釋文云：本又作「氤氳」。《說文》引曰「天地壹壺」，則「壹」又轉為「絪」矣。釋文「絪」作「因」。嘉德案：懿，古又作「抑」、作「噫」。《國語》：「衛武公作懿戒」韋注：「懿，讀曰抑，又作抑戒。」《金縢》：「對曰信懿」，馬云：「猶噫。」《小雅》「抑此皇父」箋云：「抑之言噫。」段曰：「懿、抑同用。懿、壹、抑三字同音，故多借用。」

【疏證】

奎本以下諸六臣合注本、尤本悉同。謹案：事見《漢書・敘傳》：「始皇之末，班壹避墜於樓煩。」《元和姓纂・班》亦作「班壹」云。本書《蜀都賦》「亦以財雄」注、班叔皮《北征賦》「過泥陽而太息兮」注、鮑明遠《詠史詩》「五都矜財雄」注引並作「壹」，然《藝文類聚》卷六十八引《漢書》則作「懿」。「壹」、「懿」，一聲之轉，許巽行說是，陳校未免拘泥於顏注。毛本當從尤本等，不煩改矣。嘉德案語，引《國語》等三條佐證，實並出段注耳。本條可見二許校《選》重視《說文》、擅長許學之特色。

里上仁之所廬　注：曹大家曰：言我為擇居處也。

【陳校】

注「言我為擇居處也。」「我為」，舊本乙。

【疏證】

奎本以下諸六臣合注本、尤本悉作「為我」。謹案：據注上文「言我父早終遺我善法則也」云云，則自當乙正。此毛本偶倒，陳校是。

精誠發于宵寐　注：曹大家曰：言人之晝所思想，夜為之發夢。

【陳校】

注「晝所思想」。「晝」，舊本作「晝」。

【疏證】

奎本以下諸六臣合注本、尤本悉作「晝」。謹案：注下文云「夜為之發夢」，自當作「晝」。毛本傳寫獨因形近而誤，陳校是。

王膺慶于所所躄　注：應劭曰：上憐太子早失母。及選後宮素謹慎而無子者……令母養太子。

【陳校】

注「及選後宮」。「及」，舊本作「乃」。

【集說】

余氏《音義》曰：「及選後」，「及」，何改「乃」。

【疏證】

奎本以下諸六臣合注本、尤本悉作「乃」。謹案：事見《漢書·孝宣霍皇后傳》，正作「乃」。但觀上下文意，已可決作「乃」是。五臣向注亦作「乃」。「乃」、「及」形近，此毛本偶誤，陳、何校蓋從尤本等正之。

單治裏而外彫兮　注：《莊子》曰：行年七十而猶嬰兒之色。

【陳校】

注「而猶嬰兒之色」。舊本「嬰」上有「有」字。

【疏證】

明州本、尤本脫。奎本、贛本、建本有「有」。謹案：語見《莊子·達生》篇，正有「有」字。《北堂書鈔》卷一百三十二「高門懸薄」注引亦有「有」字。毛本當誤從尤本。

嬴取威於伯夷兮，姜本支乎三趾　注：應劭曰：嬴，秦姓，伯益之後。伯益在唐堯，為有儀鳥獸百物之功，秦所以取威於六國也。趾，禮也。姜，齊姓也。齊伯夷之後，伯夷為虞舜典天地人鬼之禮也。

【陳校】

「伯夷」，舊本作「百夷」。

韻書「趾」、「畤」同音，《說文》曰：「畤，天地五帝所基。趾，祭地。」似從「三畤」為長。孫氏《考異》

【集說】

孫氏《考異》曰：圓沙本「夷」改「益」，又引陳云：「韻書趾、畤同音，《說文》曰：『畤，天地五帝所基。』趾，祭地。似從三畤為長。」志祖按：《漢書》「伯夷」作「百儀」，六臣本亦作「百儀」。「趾」，《漢書》作「止」。

「伯夷」與「百儀」形聲相近而譌。「百儀」與「三止」對。應劭注：「為有儀鳥獸百物之功」，正解「百儀」二字。劉仲馮曰：「百儀，則柏將也，語譌耳。」亦誤。

胡氏《考異》曰：袁本、茶陵本「伯」作「百」。是也。案：《漢書》作「百」。

張氏《膠言》曰：雲璈按：《說文》「畤」下注云：「天地五帝所基趾祭地。右扶風有五畤。好畤、鄜畤皆黃帝時（祭）[築]。或曰：秦文公立。」據此，則「三趾」宜作「三畤」。「畤」、「趾」本同韻。

梁氏《旁證》曰：六臣本「伯夷」作「百儀」，《漢書》同，是也。毛本作「伯益」，或又作「伯夷」，並誤。孫氏志祖曰：「百儀與三止對。應劭注：為有儀鳥獸百物之功，正解百儀二字。」姜氏皋曰：「《史・秦本紀》：『大費與禹平水土，佐舜調訓鳥獸。是為柏翳。』《索隱》云：『《尚書》謂之伯益。』檢尋《史記》上下諸文，柏翳與伯益，是一人無疑。」

姚氏《筆記》曰：何改「百儀」。按：《漢書》作「百儀」，顏、李注雖並從應氏，然心所未安。又曰：「趾」，《漢書》作「止」。

朱氏《集釋》曰：「伯」，《漢書》作「百」，二字古亦通用。袁本、茶陵本俱作「伯儀」，而孫氏《考異》「嬴取威於伯夷兮」云云。余謂：今本無作「夷」者，孫氏不知何據。「百儀」者，則孟堅自作《地理志》所云「伯益能儀百物以佐舜也。」應說正本之。《讀書志餘》云：「……此言伯益有儀百物之德，而嬴氏以興。……『百儀』，與下『三趾』為對。」《志餘》又引「《鄭語》：『伯夷能禮於神以佐堯，伯翳能議百物以佐舜』，賦二語正相合。儀，與議通。《儀禮》『有司徹其脀體儀也』注：『今文儀或為議。』《易・繫辭》『議之而後言』，釋文：『議，陸、姚、恒、元、荀、柔之本作儀。』」《集釋》又曰：「趾」，《漢書》作「止」。《說文・止部》云：「以止為足，則止即趾也。」《易・賁》：「其趾壯于前趾、艮其趾」，釋文皆云：「趾，本作止。」《士昏禮》「北止」注：「古文止作趾。」「止」之訓「禮」者，《廣雅》：「止，禮也」，與《詩》「國雖靡止」鄭《箋》同。王氏《疏證》謂：「《詩・相鼠篇》『人而無儀』、『人而無止』、『人而無禮』，是『止』即『禮』也。故《韓詩》云：『止，節也，無禮節也。』鄭注：『止，容止也。』容止，亦禮也。」據此，知注說不誤。而陳氏說及張氏《膠言》並以「三趾」為「三畤」。「三畤」乃秦漢以後事，與伯夷何涉？

胡氏《箋證》曰：注引應劭曰：「秦，伯益之後，伯益在唐堯為有儀鳥獸百物之功」，是本作「百儀」，今作「伯夷」，是涉注而誤。王氏念孫曰：「威，德也。言伯益有儀百物之德而嬴氏以興。『百儀』，與『三止』相對為文。」（《箋證》）又曰：《漢書》作「三止」。按：應劭曰：「止，禮（地）[也]。齊，伯夷之後。伯夷為虞舜典天地人鬼之禮。」是以「止」為「禮」。《鄘風・相鼠》「人而無止」，猶之「人而無禮」，本書《思玄賦》亦云：「止，禮也。」作「趾」義無所取。

許氏《筆記》曰：何校改「百儀」。案：應劭注「秦，伯益之後。伯益在唐堯，為有儀鳥獸百物之功，秦所以取威於六國也」，是釋上句「嬴取威於百儀」；「姜，齊姓也。止，禮也。齊，伯夷之後，伯夷為虞舜，典天地人鬼之禮」，是釋下句「姜本支乎三止」。後人讀注不明，遂妄改「百儀」為「伯夷」。嘉德案：袁本、茶陵本並作「百儀」，是也，《漢書》作「百儀」，尤本「百」作「伯」，亦誤。

【疏證】

尤本作「伯儀」。五臣正德本及陳本作「百儀」，奎本以下諸六臣合注本同，是袁本、茶陵本所出。諸《文選》本咸作「趾」。謹案：本條二句，實出《國語・鄭語》，曰：「姜，伯夷之後也。（韋昭注。下同）：伯夷，堯秩宗，炎帝之後，四岳之族也。嬴伯翳之後也伯翳，舜虞官，少皞之後伯益也。伯夷能禮於神，以佐堯者也秩宗之官，於周為宗伯、漢為太常，掌國祭祀。《書》曰：典朕三禮，謂天神、人鬼、地祇之禮。伯翳，能議百物以佐舜者也。百物，草木鳥獸也。議，使各得其宜。其後皆不失祀而未有興者興，謂為侯伯也。」又考《漢書・敘傳》：「嬴取威於百儀兮，姜奄支虖三止」注：「應劭曰：『嬴，秦姓也。伯益之後也。伯益為虞，有儀鳥獸百物之功，秦所由取威於六國也。姜，齊姓也。止，禮也。齊，伯夷之後。伯夷為秩宗，典天地人鬼之禮也。』蕭該《音義》曰：『止，《文選》作趾。劉奉世曰：百儀，則栢翳也。語訛耳』」。合參《鄭語》、《敘傳》，審趾與止同，即禮也。三禮，由《鄭語》，可知，即「天神、人鬼、地祇」之禮。然則，與下句「三禮」相對，上句自當以「百儀」為切，《漢書・敘傳》是也。故如圓沙本作「伯益」，以人對禮，非也；舊本作「百夷」、毛本作「伯夷」，並非。「伯」與「百」，古字通，故如尤本，則亦得。陳校二條並誤。何、孫、前胡說皆是。孫校「百儀與三止對」、應注：「為有儀鳥獸百物之功，正解百儀二字」，有啟發王念孫說之功。王氏《疏證》證「止即禮」亦是。陳校「韻書」

一條，周鈔《舉正》無，獨見於孫氏《考異》，諒有來歷。

東鄰虐而殲仁兮，王合位乎三五　注：《國語》曰：伶周鳩對景王曰：昔武王伐殷。

【陳校】

注「伶周鳩」。「周」當作「州」。

【集說】

余氏《音義》曰：「伶周鳩」。「周」，何改「州」。

胡氏《考異》曰：何校「周」改「州」，陳同。是也，各本皆誤。

梁氏《旁證》曰：何校「周」改「州」，陳同。惟《漢書》顏注作「州」，不誤。

【疏證】

奎本以下諸六臣合注本、尤本悉誤「周」。謹案：《國語》見《周語下》，作「伶州鳩」。《太平御覽》卷十六、八十五、卷四百九十五三引並同。《左傳・昭公二十一年》：「泠州鳩曰：『王其以心疾死乎？』」注：「州鳩，其名也。」顏注，見《漢書・敘傳》，並作「州」。本書班孟堅《兩都賦序》「或以宣上德而盡忠孝」注、何平叔《景福殿賦》「亦所以省風助教」注、成公子安《嘯賦》「散滯積而播揚」注作「泠州鳩」。張景陽《七命（大夫曰蓋有晉）》「宣德以詩」注、潘元茂《冊魏公九錫文》「為民軌儀」注、顏延年《宋文皇帝元皇后哀策文》「發音在詠」注引並作「州」。毛本當誤從尤本等，陳、何校當據《國語》、《漢書》、本書內證等正之。

旦算祀于契龜　注：《左氏傳》：王孫滿曰：周卜氏三十。

【陳校】

注「周卜氏三十」。「氏」，舊本作「世」。

【疏證】

奎本以下諸六臣合注本、尤本悉作「世」。謹案：語見《春秋左傳注疏・宣公三年》，正作「世」。唐・吳兢《貞觀政要・君臣鑒戒》有「隆周卜世三十，卜年七百」語，可為佐證。此毛本獨因音近而誤，陳校是。諸《文選》本皆可當陳校所謂「舊本」矣。

妣聆呱而劾石兮　注：應劭曰：劾其必滅羊舌氏。本或為赫。項岱曰：舉罪曰劾。

【陳校】

注「本或為赫。」「赫」，舊本作「劾」。

【集說】

余氏《音義》曰：「刻」，字書無。《漢書》作「刻」，善引應劭注亦曰：「刻其必滅」，蓋即「刻」字之誤。

孫氏《考異》曰：「妣聆呱而刻石兮」。《音義》云：「字書無刻字。《漢書》作刻，蓋即刻字之誤。」志祖按：顏師古《匡謬正俗》引《幽通賦》亦作「刻」。蕭該《漢書音義》曰：「曹大家本作劾」，蓋「劾」字誤作「刻」耳。

胡氏《考異》曰：「妣聆呱而劾石兮」案：「劾」當作「刻」。注引「應劭曰：刻其必滅羊舌氏。本或為劾」云云，可證也。袁、茶二本所載五臣濟注云：「劾，刻也。」蓋取「或為」之本改成「劾」字。二本正文下「何弋」，亦五臣音也。各本皆以之亂善，而失著校語。《漢書》作「刻」，應注云：「刻知其後必滅羊舌氏」，字與善同矣。

梁氏《旁證》曰：《漢書》「劾」作「刻」。胡公《考異》曰：「尤本亦作刻。注引應劭曰：『刻其必滅羊舌氏。本或為劾』云云，可證也。」濟注：「劾，刻也」，蓋五臣「取或為之本改成劾字耳」。蕭該《漢書音義》云：「曹大家本作劾」。

姚氏《筆記》曰：「妣聆呱而刻石兮」。刻，音克。注云「本或為劾」，從力，恒入聲。

許氏《筆記》曰：「刻石」。「刻」，譌字也，當作「刻」，觀注自明。《說文》：「刻，鏤也。从刀，亥聲。苦得切」、「劾，法有辠也。从力，亥聲。胡槩切。」體相似，故本或譌為「劾」，此又譌作「刃」旁。無此字。

【疏證】

尤本文誤「劾」，注引應作「刻」、作「本或為劾」、引項作「劾」，不誤。五臣正德本及陳本正文作「劾」。奎本正文作「刻」，善注引應作「刻」、本或為刻」，引項注「刻」。明州本惟「本或為刻」，誤作「刻」（說見下），餘同奎本。贛本、建本正文並作「劾」，善注引應作「刻」、「本或為劾」、引項作「劾」。

謹案：《漢書・敘傳》作「刻石」，《藝文類聚》卷二十六引同。五臣作「刻」，五臣正德本濟注「刻，刻也」可證。李善作「刻」，引應注已明。善注「本或為刻」，實即項岱所據本。五臣求異，乃取以為正文。善本遂為五臣所亂矣。前胡說精審。「刻」，《說文・力部》：「刻，瀳有辠也。」段氏云：「按：此字俗作『刻』，从『刃』，恐从『刀』，則混於《刀部》之『刻』也。胡概切，《一部》。亦入《海韻》、《代韻》。」段說亦是。濟注從「刃」旁者，是「刻」之俗寫，尚不為譌。善注「本或為刻」四字，明州本引，而改奎本之「刻」為「刻」，是混「刻（刻）」、「刻」為一字矣。四字，毛本作「本或為赫」者，「赫」亦「刻」之誤。此毛本獨譌，陳校當據諸本善注正之。毛本文作「刻」（此蓋誤從尤本），又應注誤「刻」，陳校皆未能正焉。

洪氏《讀書叢錄》卷十一「刻石」條，案曰：「字書無刻字，當是刻字之譌。《漢書・敘傳》作刻。應劭曰：『刻其必滅羊舌氏。』此引應劭，字當作刻。項岱本作刻，《文選》從項岱本，注引應劭，故云『本或為刻。』」然則，洪亦主應所注四字當為「刻」，與陳校同。

故遭罹而贏縮 注：項岱曰：嬴，過也。

【陳校】

「嬴」，舊本作「贏」。注同。

【集說】

顧按：「嬴」，則「盈」借字。

【疏證】

明州本、尤本並注同。奎本、贛本、建本並注作「贏」。五臣正德本、陳本並作「贏」。謹案：《漢書・敘傳》亦作「贏」。「贏」與「嬴」同。《廣雅・釋詁三》「贏，過也」，與善引項岱注同。「嬴」、「贏」和「羸」三字得聲相同，故古文獻三字多見通用。已見上司馬長卿《子虛賦》「雙鶬下」條。五臣作「贏」，銑注可證。善本作「嬴」，則引項注已明。本條既非五臣與善之別，故陳亦不必改焉。

乃輶德而無累 注：曹大家曰：以乃為內。

【陳校】

注「曹大家曰」。「曰」字，衍。

【集說】

胡氏《考異》曰：陳云「曰字衍。」是也，各本皆衍。

梁氏《旁證》曰：陳校去注中「曰」字。是也。各本皆衍。

【疏證】

奎本以下諸六臣合注本、尤本皆衍「曰」字。謹案：此李善轉述曹說，並非曹直接言語。所謂「曹大家以乃為內」，指曹大家以「內」釋「乃」，並非改「乃」為「內」校正文字。故不當有「曰」字。此或涉上而衍，陳校當據上下文義正之。

素文信而厎麟兮，漢賓祚于異代　注：應劭曰：孔子作《春秋》素王之文，以明示禮度之信而致麟。封其後為紹嘉公，係殷為二代之客也。

【陳校】

注「封其後為紹嘉公，係殷為二代之客也。」按：「封」上當有「漢」字，「殷」下，當有「後」字，並見《漢書》註。

【集說】

余氏《音義》曰：「致麟」，何「麟」下增「漢」。「係殷」，何「殷」下增「後」字。

胡氏《考異》曰：何校「封」上添「漢」字，「殷」下添「後」字。陳云：「當有，並見《漢書》注。」是也，各本皆脫。顏引「為」下有「褒成及」三字，亦脫。

梁氏《旁證》曰：何校「封」上添「漢」字，「殷」下添「後」字。陳同。《漢書》顏注可證，各本皆脫。

【疏證】

奎本以下諸六臣合注本、尤本悉脫「漢」、「後」字。謹案：顏注，見《漢書・敘傳》。正有「漢」、「後」字。毛本當誤從從尤本等，陳校蓋從《漢書》顏注補之。

文選卷十五

思玄賦一首　張平子舊注

舊注：善曰：未詳注者姓名。摯虞《流別》題云：衡注。詳其義訓，甚多疎略，而注又稱愚以為疑辭，非衡明矣。但行來既久，故不去。

【陳校】

注「未詳注者姓名。」按：「越卭州」句自注有「交廣南有卭州」語。漢以前無廣州，其非漢人可知，又「摯虞《流別》題云：衡注。」按：舊注所引漢末蔡邕、應劭、鄭玄諸人之書皆在平子後，而撰《廣雅》之張揖，注《漢書》之韋昭，乃魏吳時人，更與平子異代。又兩漢無廣州，而注所引《四海圖》中有之，則其書亦漢以後人作。觀此數條，則非平子自注，明甚。至摯虞《流別論》之題為「衡注」者，乃別是一本，非即此注。摯氏歿於西晉之季，如郭璞《爾雅注》已不及見，況裴啟《新語》，顏延之《纂要》，至晉宋之交，其書始出，而注皆引之，則安得入摯氏之目，而列於《流別論》乎？《後漢書》章懷注中采此賦，舊注不著姓名，但云「近代注解」，其鑒審矣！更有所謂「《衡集》注」者，此或《流別論》所題自注之本耶？

【集說】

胡氏《考異》曰：「舊注」。袁本、茶陵本「舊」上有「張平子」三字。案：有者，是也。此每篇下所標作人姓名。

【疏證】

尤本脫同。奎本以下諸六臣合注本「舊」上，並有「張平子」三字。謹案：此陳校「舊注」上「張平子」三字。以本書內外證助成善說，駁張衡自注說，考辨甚審。此陳校精彩之筆。毛本誤從尤本，前胡說是。陳校「裴啟《新語》」，當「《語林》」之譌。

既娉麗而鮮雙兮 舊注：娉，才也。

【陳校】

注「娉，才也。」舊本「才」作「大」。

【疏證】

奎本以下諸六臣合注本、尤本悉作「大」。謹案：此毛本獨因形近而誤。陳校是，彼所謂「舊本」，上述諸《文選》本並可當之。

嘉傅說之生殷 善曰：《尚書》曰：高宗慶得說。

【陳校】

注「高宗慶得說」。「慶」，舊本作「夢」。

【疏證】

奎本以下諸六臣合注本、尤本悉作「夢」。謹案：「《尚書》」云云，見《尚書序》，正作「夢」。本書賈誼《鵩鳥賦》「傅說胥靡兮」注、張景陽《七命》「皆象刻於百工」注、羊叔子《讓開府表》「假令有遺德於版築之下」注、班孟堅《答賓戲》「殷說夢發於傅巖」注、班孟堅《公孫弘傳贊》「亦曩時版築飯牛之明已」注、沈休文《恩倖傳論》注引並作「夢」。此毛本傳寫偶誤，陳校是也。

覽蒸民之多僻兮，畏立辟以危身 善曰：毛萇《傳》曰：辟，法也……此言無遺為法也。

【陳校】

注「此言無遺為法也。」「遺」，舊本作「建」。

【集說】

胡氏《考異》曰：注「毛萇傳曰」下至「此言無遺為法也」，袁本、茶陵本無此二十一字。

【疏證】

尤本同。奎本以下諸六臣合注本並無「毛萇傳曰」下二十一字。謹案：毛《傳》見《大雅·板》篇，云「無自謂所建為法也」，除有「遺」字譌外，尚有脫文。毛本當誤從尤本。陳校所謂「舊本」，未知為何本。

嗟孰可為言己

【陳校】

注「嗟」，范《書》作「羌」。「為」，作「與」。

【集說】

孫氏《考異》曰：王元長《曲水詩序》「羌難得而稱記」注引《吳都賦》曰「羌難得而覼縷」，則此作「嗟」，誤也。見《吳都賦》「嗟難得而覼縷」條。

王氏《讀書志餘》曰：「嗟內顧之所觀。」王逸注《離騷》曰：「羌，楚人語詞也。」《文選》內「羌」字多作「咣」，因譌而為「嗟」。自注：俗書「嗟」字作「嵯」、「咣」字作「羌」，二形相似而誤。後人多見嗟少見咣，故莫能正之耳。《西京賦》「嗟內顧之所觀」，李善注：「《小雅》曰：『嗟，發聲也。』」二「嗟」字皆「咣」字之譌。《西都賦》「慶宏規而大起」李注「《小雅》曰：『羌，發聲也。』慶與羌古字通。」是其證。若「嗟」，則歎聲非發聲。五臣本作「嗟」，訓為「歎」聲，失之矣。《吳都賦》「嗟難得而覼縷」劉逵注：「《爾雅》曰：『嗟，楚人發語端也。』」兩「嗟」字亦「咣」字之譌。既云「楚人發語端」，其為「咣」字，明矣。《古文苑》王延壽《王孫賦》「羌難得而覼縷」、本書王融《曲水詩序》「羌難得而稱記」，章樵、李善注引《吳都賦》並作「羌」。《雪賦》「嗟難得而備知」，義本《吳都》，亦是「咣」之譌也。《思元賦》「嗟孰可為言已」，「嗟」，亦「咣」之譌，《後漢書·張衡傳》作「羌」，是其證也。《蜀都賦》「咣見偉於疇昔」，其字正作「咣」。自注：張伯顏本如此，他本則譌作嗟矣。

梁氏《旁證》曰：六臣本「可」下有「以」字。《後漢書》「可為言」作「可與言」。一本作「嗟孰可與己言」。

姚氏《筆記》曰：按：「為」，《漢書》作「與」。

胡氏《箋證》曰：「嗟」，當為「羌」字之誤也。《後漢書》作「羌」，章懷注：「羌，發語辭也。」良注：「嗟，歎辭。」蓋五臣本誤作「嗟」，後人因據以改善耳。

許氏《筆記》曰：「嗟」，何改「羌」。《漢書》注曰：「羌，發語詞也」。

【疏證】

尤本「嗟」作「羌」，餘同。五臣正德本、陳本作「羌孰可以為言己」，奎本、明州本同，「以」下校云：善無「以」。贛本、建本作「嗟」，餘同奎本。謹案：《通志》本傳、《楚辭集注．楚辭後語》同《後漢書》。尤本當從明州本及其校語。五臣作「嗟」，良注可證。毛本蓋以五臣亂善。後胡《箋證》謂「後人因據以改善耳」，其說可從也。王念孫說甚辯，後胡蓋從王氏耳。陳、何校蓋從《後漢書》本傳。姚、許所謂「《漢書》」，皆指「《後漢書》」。「為」字有「與」義，如《戰國策．齊策二》：「犀首以梁為齊戰於承匡而不勝」即其例。此毛本不誤。何、陳備異文可，然不必改焉。

執雕虎而試象兮　舊注：《尸子》：中黃伯曰：右摶彫虎。

【陳校】

注「右摶彫虎。」「摶」，舊本作「搏」。

【疏證】

明州本同。奎本、贛本、尤本、建本作「搏」。謹案：《太平御覽》卷八百九十一引作「搏」、卷三百八十六引作：「《尹子》曰：『中黃伯余右搏彫虎。』」又本書張景陽《七命》「於是飛黃奮銳」注、《山海經．海外南經》「爰有熊羆文虎」注引並作「搏」。毛本或從明州系統本，或「尹」、「尸」形近而誤。陳校是，奎、贛、尤、建四本，皆可當陳校所謂「舊本」。

又注：疏踐義之雕虎也。

【陳校】

注「疏踐」。范《書》注引《尸子》，「疏」作「跡」。

【集說】

姚氏《筆記》曰：何云：范書引《尸子》「疏」作「跡」。余按：彼注「踐」作「賤」。疑此「踐」、彼「跡」二字誤，當作「疏賤」。

【疏證】

奎本以下諸六臣合注本、尤本悉作「疏賤」。謹案：《後漢書》本傳作「跡賤者義之」。「踐」字，毛本獨譌。姚校從尤本等，謂「踐」、「跡」皆誤，是。陳、何校引《後漢書》亦譌。

又注：而吾曰遇之。

【陳校】

注「而吾曰遇之」。「曰」，舊本作「日」。

【集說】

胡氏《考異》曰：袁本「曰」作「日」，是也。茶陵本亦誤「曰」。

【疏證】

明州本、贛本、尤本、建本誤同。奎本作「日」。謹案：但按上下文義，便可明「日」字是，況有奎本、袁本為證。明·徐元太《喻林》卷三十七引本賦作「吾日遇之」。徐所據本，當與奎、袁二本有關。毛本誤從尤本等，陳校是，彼所謂「舊本」，奎、袁二本可當之。

惡既死而後已

【陳校】

「惡」，范《書》作「要」，五臣同。

【集說】

余氏《音義》曰：「惡既」。六臣「惡」作「要」。

孫氏《考異》曰：「惡」，當從五臣作「要」。

胡氏《考異》曰：何校「惡」改「要」。陳云：「范《書》作要。」袁本、茶陵本作「要」，云：善作「惡」。案：各本所見，傳寫誤也。

梁氏《旁證》曰：六臣本「惡」作「要」，《後漢書》亦作「要」。何、陳據改，是也。

胡氏《箋證》曰：《旁證》云：「六臣本『惡』作『要』，《後漢書》同。」紹煐按：要，約也。作「惡」，乃形近之誤。本書《幽通賦》：「要沒事而不朽兮」，意與此同。

許氏《筆記》曰：「惡」，何改「要」。嘉德案：袁本云：善作「惡」。非。范《書》作「要」。

【疏證】

尤本同。五臣正德本、陳本作「要」，奎本以下諸六臣合注本同，並校云：善作「惡」。謹案：朱子《楚辭集注．後語》卷三收本賦亦作「要」。胡氏《考異》「各本所見，傳寫誤」說，是。後胡「要，約也。作惡，乃形近之誤」，亦深中其肯綮。尤本誤從六臣合注本校語，毛本當誤從尤本。陳、何校蓋從《後漢書》本傳。

寶蕭艾於重笥兮 舊注：《禮記》曰：簞笥問人者。案：盛衣亦曰笥。《後漢》作珍，蓋瑤字相似誤耳。

【陳校】

注「瑤字相似」。「瑤」，當作「珤」。

【集說】

孫氏《考異》曰：寶，《後漢》作「珍」。李善云：「蓋瑤字相似誤耳。」志祖按：作「珍」字，亦何不可？若作「瑤」字，與文不安。

顧氏評校孫氏《文選考異》云：按「瑤」字是「珤」字之誤。宋刻「珤」，亦見《舉正》。孫氏據誤字駁善，其失甚矣。王氏《蛾術軒篋存善本書錄．甲辰稿》卷四，1409 頁。

胡氏《考異》曰：「注：《禮記》曰：簞笥」下至「蓋珤字相似誤耳」，袁本、茶陵本作「員曰簞，方曰笥，並盛食器也。」無上八字、下十七字。

梁氏《旁證》曰：注「《後漢》作珍，蓋瑤字相似誤耳」。《後漢書》「寶」作「珍」。「珤」，即古「寶」字。按：此注六臣本無之，是也。摯虞既題為衡自注，其不得見《後漢書》益明矣。

許氏《筆記》曰：注「瑤字相似誤耳」。案：注「瑤」，當作「珤」。李氏原本作「珤蕭艾」，故云「珍與珤相似」。「寶」或省「貝」作「寚」，此又省「宀」作「珤」耳。嘉德案：《廣韻》曰：「寶，古文作珤」，《玉篇》曰：「珤，古寶字」。

【疏證】

尤本作「珤」。奎本以下諸六臣合注本並作「員曰簞，方曰笥，並盛食器也。」謹案：梁氏校是，當從六臣合注本。陳校尚未得要領。毛本誤從尤本，又誤作「瑤」，是誤中又誤。

行頗僻而獲志兮，循法度而離殃 舊注：頗，傾也。離，遭也。殃，咎也。頗僻，邪佞也。離，罹也。

【陳校】

注「殃，咎也」下，舊本有「蕭該《音》：本作『陂』，布義切。《禮記》曰：『商亂曰陂。』鄭玄曰：『陂，廣也。』《周易》曰：『無平不陂。』《廣雅》曰：『陂，邪也。』」三十五字。又「頗僻，邪佞也。離，罹也」四句，乃李周翰注。

【集說】

余氏《音義》曰：何曰：「善曰：蕭該《音》：『本作陂，布義切。』《禮記》曰：『商亂曰陂。』鄭曰：『陂，傾也。』《周易》曰：『無平不陂。』陂，邪也。」案：何所補善注，六臣本無。

梁氏《旁證》曰：「蕭該《音》本作陂」至「陂，邪也」。按：此注，六臣本無之，是也。既題衡注，自不得見蕭該等書。姜氏皋曰：「何校云：『蕭該音上，當有善曰二字。毛本注末有頗僻，邪佞也。離，罹也八字，是翰注不當存。』」

姚氏《筆記》曰：「何曰」云云。余按：所云「《禮記》鄭注」，未詳。

許氏《筆記》曰：何曰：「咎也」下有「善曰：蕭該《音》：『本作陂，布義切。』《禮記》曰：『商亂曰陂。』鄭玄曰：『陂，傾也。』《周易》曰：『無平不陂。』陂，邪也」。案：鄭注，《魏都賦》「比岡隒而無陂」下，亦引之，此脫也。又注「頗僻，邪佞也。離，罹也」八字，乃李周翰注誤入，削。

【疏證】

奎本、明州本作：翰曰：「頗僻，邪佞也。離，罹也。」衡曰：「頗，傾也。離，遭也。殃，咎也。」無「蕭該音」三十二字。贛本、建本同，惟將舊注「衡曰」置前、五臣「翰曰」居後而已。尤本首列衡舊注「頗，傾也」九字，按善注例不列主名；其後有「蕭該音」三十二字，惟「蕭」上脫「善曰」二字，此係善注，蓋尤本疏於善引舊注體例耳。若不增，則卅五字，亦為舊注矣。尤本末無「頗僻」八字，此翰注耳。毛本當誤從建本等，衡注居前，翰注在後，抹去「翰曰」二字，「殃，咎也」下，無善注「蕭該音」三十二字，陳校補之，是也。本條可證尤本系統本，必在陳校所謂「舊本」之列。本條也存在梁氏所云「既題衡注，自不得見蕭該等書」之問題，故梁氏以六臣本無「蕭該音」三十二字為是。然梁氏亦未固執其說，復引姜皋說，則又回到陳、何校，以三十二字為善注矣。許氏《筆記》同姜說。謹案：篇首李善雖云「行來既久，故不去焉」，保留了「衡注」之署名，然實際操作註釋過程中並非受此約束，仍不以為衡注為然，故「蕭該音」三十二字，應定為善注。如同陳校，姜、許兩家說皆是，奎本以下諸六臣本脫去此三十二字，非也。參拙著《何校集證》。

昭綵藻與琱琭兮

【陳校】

「琱琭」，范《書》作「雕琢」。五臣同。

【集說】

孫氏《考異》曰：「琭」，《後漢》、五臣並作「琢」。

胡氏《考異》曰：陳云：「琱琭，范《書》作雕琢。」袁本云善作「琱琭」。茶陵本云五臣作「雕琢」。案：「琱」即「雕」字，善不注。「琭」，恐傳寫誤。

張氏《膠言》曰：胡中丞曰：「琱琭，范《書》作雕琢。按：琱即雕字，善不注。[琭]，恐傳寫誤。」雲璈按：「琭」恐「瑑」字之譌。《說文》云：「圭璧上起兆瑑也」。徐曰：「謂起為龍，若篆文之形。」《周官・典瑞》云：「瑑圭璋璧琮」注「瑑有圻鄂瑑起」。《漢書・董仲舒傳》：「良玉不瑑」注：「瑑，謂琢刻為文也」。若琭，《廣韻》云：「玉名。」《老子》所謂「不欲琭琭如玉」，似非雕刻之義。

梁氏《旁證》曰：六臣本及《後漢書》「琭」，並作作「琢」。張氏雲璈曰：「琭字，恐瑑字之譌。《說文》：圭璧上起兆瑑也。」

胡氏《箋證》曰：五臣及《後漢書》並作「琱琢」。按：「琢」，當為「瑑」。「琱瑑」，經籍多連文，《漢書・揚雄傳》「除琱瑑之巧」注「瑑，刻鏤也。」《東方朔傳》「陰奉琱瑑刻鏤之好」注「瑑，謂刻為文也。」《王吉傳》「工不造琱瑑」注「瑑者，刻鏤為文。」此謂「昭其文」耳，於「琢」義無取。

黃氏《平點》曰：「昭綵藻與琱琭兮」句，據《後漢書》及別本「瑑」改「琢」。

【疏證】

尤本同。五臣正德本、陳本作「雕琢」，奎本、明州本同，校云：善本作

「琱瑑」。贛本、建本作「琱瑑」，校云：五臣作「彫琢」。謹案：五臣作「彫琢」，銑注可證。五臣蓋從《後漢書》，以求異善本。前胡以「瑑，恐傳寫誤」疑之，張、梁、後胡三家遞相證實為「瑑」之譌。張有首功，以後胡舉證最富。彼「此謂昭其文耳，於琢義無取」說，最着力。毛本之譌，蓋從尤本，陳校祗可備異文。若以五臣亂善，則非也。前胡案語，「善不注瑑」，上三字當屬上，今坊本「注」下不斷句，誤矣。

鶗鴂鳴而不芳　善曰：《臨海異物志》曰：鶗鴂，一名杜鵑。至三月鳴，晝夜不止。

【陳校】

注「晝夜不止」。舊本下有「至夏則止」四字。

【集說】

胡氏《考異》曰：注「夏末乃止。」袁本、茶陵本無此四字。

姚氏《筆記》曰：何云：注「鳴晝夜不止」，下落「夏末乃止」四字。

【疏證】

尤本有「夏末乃止」四字。奎本以下諸六臣合注本悉無此四字。謹案：《藝文類聚》卷三引《臨海異物志》作「鳴晝夜不止……當麥自熟，鳴乃止耳」，《海錄碎事》卷二十二上同。《太平御覽》卷十九引《志》「當麥自熟」作「待梅子熟」、卷九百二十三又作「陸子熟」矣。尤本當有所出。毛本當從六臣合注本。未知陳校所謂「舊本」何指。檢《爾雅注疏・釋鳥》「鶪伯勞也」疏引《左傳・昭十七年》「伯趙氏司至者也」杜注云：「伯趙，伯勞也。以夏至鳴，冬至止。」陳之「舊本」或由此誤與？俟考。

善曰：王逸以為春馬，繆也。

【陳校】

注「以為春馬」。「馬」，舊本作「鳥」。

【集說】

胡氏《考異》曰：注「賊害之鳥也」下至「謬也」，袁本、茶陵本無此十三字。

【疏證】

尤本作「鳥」。奎本以下諸六臣合注本無「賊害之鳥也」至「謬也」十三字。謹案：《楚辭章句》：「恐鵜鴂之先鳴兮」王逸注：「鵜鴂常以春分日鳴也。」本書《離騷》無「日」字，餘同。此當善注「春鳥」之來歷。毛本當從尤本，復因形近而誤作「馬」。本條亦證尤本系統本，必在陳校所謂「舊本」之列。

咨姤嫮之難並兮　善曰：姤，惡也。

【陳校】

「咨姤嫮之難並兮」。「姤」，范《書》作「妬」，五臣同。

【集說】

余氏《音義》曰：「姤」，五臣作「妬」。

孫氏《考異》曰：何云：「姤，當從《後漢書》作妒。」志祖按：五臣亦作「妒」。

胡氏《考異》曰：「咨姤嫮之難並兮」。何校「姤」改「妒」。陳云：「范《書》作妒。」袁本云善作「姤」。茶陵本云五臣作「妒」。案：各本所見皆傳寫誤。善注云：「妒，惡也。」章懷注《後漢書》曰：「言嫉妬者，憎惡美人，故難與並也。」善意正如此，作「妒」無疑。若作「姤」，與「惡也」之訓，不復可通。各本並注中亦誤作「姤」字，遂以為與五臣有異，其實非也。作「妒」字誤而為「姤」，已見《顏氏家訓》，是此二字多混。

梁氏《旁證》曰：六臣本、《後漢書》「姤」，並作「妒」。按注「惡也」之訓，是。李本亦當作「妬」。何、陳據改，是也。

胡氏《箋證》曰：《後漢書》及五臣本並作「妒」。章懷注「妒，忌也。音胡故反。」按：「姤」，古無訓為惡者，《顏氏家訓》云「作妬字誤而為姤。」蓋由妒、姤形近易譌，善本當亦作「妒」。

許氏《筆記》曰：何云：「姤」，當作「妒」。案：《後漢書》作「妒」，注云：「妒，忌也。」李訓「姤」為「惡」，則當與「姤」同意，方與「嫮」對，不當作「妒」也。嘉德案：六臣袁本曰：善作「姤」，陳本曰：五臣作「妒」。胡氏《考異》云：「章懷注《後漢書》曰：言嫉妒者，憎惡美人，故難與並也。」以作「姤」為誤。嘉德謂：作「妒」而訓「憎惡美人」，不若李訓「惡」與「嫮」好對說為直捷。李自作「姤」，不必與《後書》同。

【疏證】

尤本並注同。五臣正德本、陳本作「妬」，奎本、明州本同，校云：善本作「妒」。贛本、建本作「妒」，校云：五臣作「妬」，注亦誤作「垢」。謹案：尤氏《考異》曰：「五臣妒作妬。」五臣作「妬」，良注可證。善本作「妒」，「妒」亦有嫉妒、忌恨之義。《史記·淮南衡山列傳》：「王后乘舒死，立徐來為王后。厥姬俱幸，兩人相妒。厥姬乃惡王后徐來於太子」，是其證。魏·劉卲《人物志·八觀》「犯其所乏則婟，以惡犯婟則妒」。涼·劉昞注：「自伐其能，人所惡也。稱人之短，人所婟也。今伐其所能，犯人所婟，則妒害生也。」是「妒」與「妬」用通之證。又，兩「妒」字，四庫館臣所據萬曆本並作「妬」，又《戰國策·秦策四》：「今王妬楚之不毀也」注：「妬字，曾本：一作妒字。」並是二字用通之佐證。嘉德謂「李自作妒，不必與《後書》同」，是也。五臣從《後漢書》，本欲求異善本，非別有見地，陳、何校泥於《後漢書》，則跡類以五臣亂善矣。兩胡說亦非是。兩家引《顏氏家訓》，見《書證篇》，云：「《史記》又作『悉』字誤而為『述』，作『妬』字誤而為『妒』。徐、鄒諸家皆以悉字音述，妬字音妒，既爾亦可以『亥』為『豕』字音、以『帝』為『虎』字音乎？」顏說恐亦不免以偏概全，況既有「徐、鄒諸家皆」云云，亦見其立論未得稱穩也。

心猶豫而狐疑兮　善曰：《楚辭》曰：欲從靈氣之吉占兮。

【陳校】

注「欲從靈氣」。「氣」，舊本作「氛」。

【疏證】

明州本、贛本、建本誤同。奎本、尤本作「氛」。謹案：《楚辭》見《離騷》，復載在本書。諸《楚辭》本及本書並作「氛」。作「氣」者形近而誤。毛本當誤從建本等，本條，陳校無待「舊本」，但據本書內證可正者。

即歧趾而臚情

【陳校】

「臚」，范《書》作「攄」。

【集說】

余氏《音義》曰：「臚」，何曰：「《後漢》作攄。」

胡氏《考異》曰:「即歧阯而臚情」。袁本、茶陵本「臚」作「矑」,注同。是也。何、陳皆云「《後漢書》作攄」。詳舊注云「陳也」,善云「力於切」。《選》文不作「攄」,與范《書》異也。

梁氏《旁證》曰:《後漢書》「矑」作「攄」。按:舊注云:「陳也」,則作「矑」為是。

【疏證】

奎本以下六臣合注本、五臣正德本、陳本同。二五臣本「矑」下音注「閭」。尤本作「臚」。謹案:《集韻·魚韻》:「矑,傳也。通作臚。」又:「矑,傳也。或作臚。」然則臚與「矑」同。尤本不誤。又:《康熙字典》卷十一:「擄,《集韻》:魯故切,音路。捗擄,收斂也。或誤作攄。」此當是胡、梁氏不以《後漢書》作「攄」為是之原因。然《廣雅·釋詁》曰:「攄,張也。」本書《舞賦》:「攄予意以弘觀兮」,善注:「攄,散也。」況音「魯故切」,是「攄」音、義並與「矑」近同。《後漢書》未必不是也。「矑」與「攄」字,又是《選》文與《後漢書》不同例,在陳、何校,亦廣異聞而已。

利肥遁以保名　舊注:《上九》曰:肥遯,無不利……《九師道訓》曰:遯而能肥,吉孰大焉……《上九·爻辭》云:肥遁,最在卦上……不為物所累,故名肥遯。

【陳校】

「利肥遁以保名。」「肥」,當作「蜚」,注並同。曹子建《七啟》中有「飛遯離俗」語,注引《淮南·九師道訓》,亦作「飛」,則此處「肥」字乃顯誤也。

【集說】

何氏《讀書記》:「肥」,《後漢書》作「飛」,乃合象詞「無所疑也」之意。「肥」字,不知者妄加雌黃。以《七啟》校之,自審。然不讀姚令威《西溪叢語》,未有不反疑古善本為誤也。「古」下「人」字,據葉刻補。

余氏《音義》曰:《後漢》、六臣作「飛」。《西溪叢語》:「《周易·遯卦》:『肥遯,無不利。』肥字,古作𩙿字,與古蜚字同,即今之飛字,世遂改為肥字。」何曰:「作飛字,乃合象辭……自審。」

孫氏《考異》曰:何曰云云。志祖按:六臣本作「飛」。《西溪叢語》云云。

胡氏《考異》曰:「《上九·爻辭》云:肥遁」。案:「肥」,當作「飛」,下「故名肥遁」同。各本皆誤。正文作「飛」,何云:「《後漢書》肥,作飛。」

陳云：「《七啟》有『飛遁離俗』語，(上)[善]注亦作飛，此不知者改之耳」。

張氏《膠言》曰：何氏《讀書記》云云。雲璈按：《後漢書》引《九師》「遯而能飛」。《西溪叢語》云云。然《正義》引子夏《易傳》曰：「肥，饒裕也。四五雖在外，皆在內有應，猶有反顧之心，惟上九最為外極，無應於內，心無疑顧，是遯之最優，故曰肥遯。」據此，則「肥」字正合象辭「無所疑」之義。且子夏《傳》在前，不得援《九師道訓》之言，遂謂「古本皆作飛」也。

梁氏《旁證》曰：六臣本「利」作「欲」，「肥」作「飛」。尤本及《後漢書》「肥遯」並作「飛遁」。按注「遯而能飛」，毛本引亦誤作「肥」。尤本不誤。《西溪叢話》云云。何曰：「飛字乃合象辭無所疑也之意。」又曰：「以《七啟》『飛遁離俗』證之，自明。」何氏楷《古周易訂詁》云：「《金陵攝山碑》亦云：『緬懷飛遯。』」

朱氏《集釋》曰：胡氏《考異》謂此二「肥」字皆當作「飛」。姚令威《西溪叢語》云云。徐氏《規李》曰：注「故曰：利飛遁以保名。」。案：此知李本作「飛」也。其所引《遯卦上九》「肥遯，無不利」、《九師道訓》「遯而能肥」、「肥遁，最在卦上」、「故名肥遯」，四「肥」字皆宜從「飛」。《七啟》「飛遯離俗」，亦自作「飛」也。

薛氏《疏證》曰：謝靈運《入華子岡詩》「亦棲肥遯賢」注引《周易》曰：「肥遯無不利。」與今本合。曹子建《七啟》「飛遯離俗」注「《九師道訓》曰：『遯而能飛，吉孰大焉？』」王弼注有「矰繳所不加」之語，與《九師訓》同，疑王本亦作「飛遯」。蓋「肥」、「飛」本同部也。《說文》「遯」字下云「逃也」；「遁」字下云「遷也，一曰逃也」。是二字之訓本同，且盾聲、豚聲同部，故亦可通也。

胡氏《箋證》曰：作「飛」是也。本書《七啟》「飛遁離俗」，善注引《九師道訓》亦作「飛」。此正文及注皆作「肥」，蓋後人以今《周易》改之。

許氏《筆記》曰：何云：「肥字，不知者妄加雌黃……未有不反疑古人善本為誤也。」案：六臣、晉府諸本及《後漢書》、《張平子集》並作「飛」字，後人改「肥」耳。《易・釋文》云：「肥遯，如字。《子夏傳》云：『肥，饒裕。』」然此賦及《七啟》自用《九師道訓》之文，經師授讀各異，其本不因「䨊」、「蜚」相似而改也。且《說文》「肥」字並不作「䨊」，《非部》有「䨊」字，注云：「別也。從非己聲。非尾切。」姚氏以為古「肥」字作「䨊」，亦未細審也。嘉德案：《後漢書》引《九師》云：「遁而能飛」。《西溪叢語》云云。張氏

《膠言》曰云云。嘉德謂：張說誠然，然《九師道訓》自作「飛」字，李既引《九師》，則此賦自作「飛」字。《記》云：「經師授讀各異，其本不因𦛗、蜚相似而改，亦不謂古本之皆作飛也。」又案：胡校亦從「飛」，云：「注中肥，皆當作飛。不知者改之耳。《後漢書》作飛。」

【疏證】

奎本、贛本正文及注並作「肥」。明州本、尤本、建本正文作「飛」，注除《上九・爻辭》、「故名肥遁」二「肥」字外，餘悉作「飛」。五臣正德本作「飛」，注同；陳本作「肥」，注同。謹案：與葉刻迻錄小異，《讀書記》無引姚令威《西溪叢語》文、「宋本」作「《後漢書》」、「不知者」上，多「肥字」二字、「古」字下脫「人」字。引姚令威《西溪叢語》文，乃余蕭客案語。葉刻亦誤入。《讀書記》、葉刻皆出余氏《音義》。尤本此處蓋從明州本。張氏《膠言》則引子夏《易傳》云：「肥，饒裕也」，以為古亦有作「飛」者。竊謂：今所傳子夏《易傳》乃偽作。此見《正義》所引，較可依據。而《李氏易傳》載虞翻說「乾盈為肥，二不及上，故肥遯無不利」，然則「肥遯」之義亦古矣。《箋證》說簡潔明了。許氏《筆記》說較詳。謹又案：如薛說，「肥遯」、「飛遁」字皆可通，且非五臣與善之歧，故毛本作「肥」。又，祝廉先《文選六臣注訂譌》曰：「《周易・遯卦》：『肥遯，無不利。』《九師道訓》云：『遯而能肥，吉孰大焉。肥，原作飛，蓋肥字古文作𦛗，與古文飛、蜚字相似，後世遂誤為肥字也。』」所舉書證，即為本條。見中華書局《中外學者文選學論集》頁 191。下省作《文選學論集》。亦可取。然則，陳不改亦得。

歷眾山以周流　善曰：《楚辭》曰：歷眾山而日遠。又曰：聊浮游於山陽。又曰：步周流於江畔。

【陳校】

注「聊浮游於山陽。」「陽」，舊本作「陿」。

【集說】

胡氏《考異》曰：「又曰：聊浮游於山陽。」袁本、茶陵本無此八字。

【疏證】

尤本同。奎本以下諸六臣合注本無此八字。謹案：本條善注兩引《楚辭》，先徵《惜誓》以釋「歷眾山」；次引《九歎・思古》以釋「周流」。「聊浮遊於山陘兮」與「步周流於江畔」二句本為連文，倘善欲連用，則兩句間亦不當有「又曰」字，而實際「周流」之解，祗須下句，故當如諸六臣合注本「無此八字」為得。上句「聊浮遊」必係衍文，尤本有之已為累贅，毛本從之，復以「陘」、「陽」二字形近而譌，是誤益甚，陳校未免因小失大之譏矣。

或冰折而不營　舊注：遯上九變為兑。……《說卦》曰：乾為冰，而變為兑，故曰冰折物也。毀折不可經營，故曰不營。

【陳校】

注「《說卦》曰」。「卦」下有脫文。又「故曰冰折物也。毀折不可經營。」舊本「物也」二字，乙。

【集說】

顧按：此非脫。

胡氏《考異》曰：注「遯上九變為兑」下至「故曰不營」，袁本、茶陵本無此六十四字。

梁氏《旁證》曰：注「乾為冰而變為兑，故曰冰折物也。」《後漢書》注云：「《易・說卦》曰：『乾為冰，兑為毀折。陽不求陰，故曰：冰折而不營也。』」按賦注「乾為冰」下，意有「兑為毀折」四字。乾變為兑，故曰「冰折」。

【疏證】

尤本同。奎本以下諸六臣合注本並無前胡所說六十四字。「說卦曰」云云，正在其中。謹案：毛本蓋從尤本。陳校「物也」二字當乙，據上下文義，合當如此。然亦未知彼所謂「舊本」為何本。至於「卦」下有無脫文，顧按「非脫」，至為《考異》則不復置一辭，似改從六臣合注本矣。梁氏《旁證》惟據章懷注為臆測，無能奏功。當俟來哲。

鑽東龜以觀禎　舊注：《周禮》曰：東龜長又曰東龜，甲屬。善曰：《爾雅》曰：龜左睨不煩。郭璞曰：行顯左顧。今江東所謂左食，以甲卜審。鄭玄《周禮》注曰：東龜青。

【陳校】

注「《周禮》曰」。舊本下有「東龜曰果屬注曰」七字，下「又曰東龜甲屬」六字，舊本無。又：「龜左睨不煩。郭璞曰：行顯左顧」。「睨」，舊本「倪」，

「熕」當作「類」,「顯」當作「頭」。

【集說】

胡氏《考異》曰:注「東龜長。又曰:東曰龜,甲屬」。袁本、茶陵本無「長又曰東曰龜」六字。案:「甲」,當作「果」。各本皆譌。又曰:注「《爾雅》曰龜」下至「以甲卜審」,袁本、茶陵本無此二十七字。

梁氏《旁證》曰:注「《周禮》曰:東龜長。又曰:東龜曰甲屬」。六臣本無「長又曰東龜曰」六字。「甲」,當作「果」。此衍誤,不可通。又曰:今《爾雅》「睨」作「倪」,「熕」作「類」。注中「顯」當作「頭」,「左睨」當作「左庳」。

朱氏《集釋》曰:胡氏《考異》云:「袁本、茶陵本無『長又曰東曰龜』六字。甲,當作果。」是也。《周禮·龜人》「東龜曰果屬」鄭注:「前弇果」。……善注又引「《爾雅》曰:『龜左睨不熕』,郭璞曰:『行顯左睨也。今江東所謂左食者。以甲卜審。』」案:今《爾雅》作:「左倪不類」,郭注作:「行,頭左庳」,與此注有異,則注為誤字也。且正文是「東龜」,此所引乃「西龜」也。《龜人》「西龜曰靁屬」鄭注:「左倪靁」,又云:「西龜左」。郝氏謂「睨與倪同」。賈疏以為「頭向左相睥睨。」是也。「類」、「靁」聲近,故古字通。邵氏謂「郭以左倪為左庳,謂其頭偏向左也。江東所謂左食,以其甲卜之,得其審諦,據時驗也。」然則,注以「西龜」釋「東龜」,顯有不合,《考異》以此注為袁本、茶陵本所無,殆後人所竄入耳。

姚氏《筆記》曰:何校改:「《周禮》曰:『東龜,甲屬。』注曰:『東龜,青。』善曰:『《爾雅》曰:左倪不類。郭璞曰:行,頭左庳也。今江東所謂左食者。以甲卜審。』」滅「鄭玄」九字。

許氏《筆記》曰:注「《周禮》曰」以下,何校改云:「東龜曰果屬。鄭玄注曰:『東龜,青。』善曰:『《爾雅》曰:龜左倪不類。郭璞曰:行,頭左庳也。今江東所謂左食。以甲卜審。』」從之。

【疏證】

尤本「又曰東龜」,「東」下有「曰」字,餘同。奎本以下諸六臣合注本悉作:「《周禮》曰:『東龜,甲屬。』善曰:『鄭玄《周禮》注曰:東龜青。』」引《爾雅》及郭注作:「倪」、「類」、「頭」。謹案:《周禮》,見《龜人》,正作「東龜,果屬」、注「東龜青」。前胡據《周禮》改諸本「甲」為「果」,是也。

《爾雅》，見《爾雅注疏·釋魚》，正作「傂」、「類」、「頭」。此陳校所依，亦朱珔校所據。朱以注與今《爾雅》有異，「則注為誤字」、「正文是東龜，此所引乃西龜」，彼所引郝氏、賈疏亦據《爾雅注疏》，其說可從。既可證陳校之得失，亦可補前胡因從六臣合注本，而不及二十七字之處。毛本並誤從尤本，陳校當據六臣本並注及《爾雅》等正之。

我脩絜以逸榮

【陳校】

「逸」，舊本作「益」。

【集說】

孫氏《考異》曰：「逸」，六臣本作「益」。

梁氏《旁證》曰：六臣本、尤本及《後漢書》「逸」並作「益」。

姚氏《筆記》曰：「逸」，何改「益」。

許氏《筆記》曰：「逸榮」，各本並作「益榮」。

【疏證】

諸《文選》本悉作「益」。《後漢書》本傳作「益」。謹案：據上下文義，陳校是。毛本獨因「益」、「逸」音近而譌耳。

子有故於玄鳥兮，歸母氏而後寧 善曰：此假卜者之辭也。玄鳥，謂鶴也。母氏，喻道也。言子有故於玄鳥，唯歸於道而後獲寧也。古文《周書》曰：周穆王姜后晝寢而孕，越姬嬖竊而育之，斃以玄鳥二七，塗以彘血，寘諸姜后，遽以告王。王恐，發書而占之，曰：蜉蝣之羽，飛集于戶，鴻之戾止，弟弗克理。重靈降誅，尚復其所。問左史氏，史豹（灼，譌本）曰：蟲飛集戶，是曰失所，惟彼小人，弗克以育君子。史良曰：是謂關親。將留其身，歸于母氏，而後獲寧。冊而藏之。厥休將振。王與令尹冊而藏之於櫝。居三月，越姬死。七日而復，言其情曰：先君怒予甚，曰：爾夷隸也，胡竊君之子，不歸母氏？將寘而大戮。及王子於治。《老子》曰：天下有始以為天下母。既得其母，又知其子。河上公曰：道為天下物母也。《韓子解老》曰：母者，道也。

【陳校】

注「重靈降誅」。「重」，舊本作「皇」。「是謂關親」。「關」，舊本作「闕」。

【集說】

胡氏《考異》曰：注「古文《周書》曰」下至「及王子於治」，袁本、茶陵本無此一百七十六字。案：二本最是也。善注自上文「母氏喻道也」，其下云：「唯歸於道」，其下引「《老子》」至「母者道也」。一意承接，中間不得有此段，與上下異解。必或記於旁，尤延之誤取以增多無疑。

梁氏《旁證》曰：顧氏千里曰：「此注『古文《周書》曰』，下至『及王子於治』一百七十六字，皆尤本添。觀善曰：『此假卜者之辭也……《老子》曰：天下有始……《韓子解老》曰：母者，道也。』李意一氣承接，以母氏喻道不得，中間又以母氏為姜后，其出尤本之誤取增多無疑」。

姚氏《筆記》曰：「重」，何改「皇」。「闢」，何改「闕」。

胡氏《箋證》曰：按：此注中間又有「古文《周書》曰」至「反王子于后」一百七十六字。六臣本注無，顧氏廣圻謂『出尤本所增。』」

許氏《筆記》曰：嘉德案：注中「《周書》曰」至「反王子於后」一條，六臣本善無此注。胡氏《考異》曰「無者是。上下皆喻道，中間不得有此段注，與上下異解。必尤延之增多其說。」

【疏證】

尤本作「皇」、「闕」。奎本以下諸六臣合注本悉無「古文《周書》曰」下至「及王子於治」一百七十六字。陳、何校當從尤本系統本改。謹案：五臣陳本向曰：「言己之事有類此鳥，唯歸於道而後獲安。」是一百七十六字也不出自五臣。後胡《箋證》謂一百七十六字，乃敘穆王姜后逸事。此與《洛神賦》注取甄后事同科，取逕來歷雖不同，小說家言，皆是尤氏所喜采者，然當亦有別本依據。非尤擅取者。

又善曰：古文《周書》曰：先君怒寧甚。

【陳校】

注「先君怒寧甚」。「寧」，舊本作「予」。

【集說】

胡氏《考異》說，已見上文。

【疏證】

尤本作「予」。奎本以下諸六臣合注本悉無「古文《周書》曰」下至「及王子於治」一百七十六字。謹案：本條已在上胡氏《考異》校一百七十六字中。見上條。

晞余髮於朝陽　善曰：《楚辭》曰：朝濯髮於陽谷。

【陳校】

注「朝濯髮於陽谷」。「陽」，舊本作「暘」。

【疏證】

奎本以下諸六臣合注本、尤本悉作「暘」。謹案：語見《楚辭・遠遊》，《章句》、《補注》皆作「湯」。毛本獨譌，陳校從尤本等作「暘」，是。參上《西征賦》「旦似湯谷」條。

翾鳥舉而魚躍兮　舊注：《廣雅》曰：翾，梁也。

【陳校】

注「翾，梁也」。「梁」，舊本作「飛」。

【集說】

王氏《讀書志餘》曰：「飛鳥舉而魚躍」。甚為不詞。且訓「翾」為「飛」，既與「魚躍」不協，又與「鳥舉」相複矣。今案：翾者，疾也，猶言倏鳥舉而魚躍也。《方言》：「儇，疾也。」郭璞曰：「謂輕寂也。」儇與翾通。《荀子・不苟篇》：「小人喜則輕而翾」，《韓詩外傳》「翾」作「快」。快，亦疾也。《說文》：「還，辶改走，疾也。」義亦與「翾」同。

朱氏《集釋》曰：舊注引「《廣雅》曰：翾，飛也。」《後漢書》注同。案：《讀書志餘》云：「飛鳥舉而魚躍，甚為不詞」云云。據此說，文義方明。《集韻》：「翾，音儇。」「儇、䠣。」皆音翾。《荀子》之「輕而翾」注：「翾，與儇同。」蓋亦借字矣。

【疏證】

奎本以下諸六臣合注本、尤本悉作「飛」。謹案：《廣雅》見《釋詁》，正作「飛」。若依王氏《讀書志餘》「翾者，疾也」之說，則諸《文選》本及陳校猶非也。朱氏正從王說，以為如此「文義方明」。然按本條，顧氏之所以謹守李引《廣雅》注，蓋除諸《文選》本同外，復有李賢注同為依據，且《廣雅》卷一「翾」、「儇」字，並未見「疾也」之釋，故顧氏（前胡從尤本等）無校。

王氏從訓詁、文義改善注，雖似圓通，然並非有版本依據。今按之《說文繫傳·羽部》:「翾，小飛也。從羽、睘聲。臣鍇曰:《文子》云:『翾飛蝡動。』或作蜎。虛全反。」復檢上文云「漱飛泉之瀝液兮，咀石菌之流英」、下文有「何道貞之淳粹兮，去穢累而飄輕；登蓬萊而容與兮，鼇雖抃而不傾」云云，並抒容與輕松而自得之意。再驗王氏上引《荀子·不苟篇》:「(小人)喜則輕而翾」楊倞注云:「翾，小飛也。言小人之喜輕佻，如小鳥之翾然。」故不如解作「小飛」，文義既明、愈切合無間矣。

河道貞之淳粹兮　善曰:《幽通賦》曰:矧躭躬於道真。《楚辭》又曰:除穢累而反貞。

【陳校】

「河」，當作「何」。「貞」，舊本作「真」。

【集說】

梁氏《旁證》曰:毛本「真」誤作「貞」。李注引《幽通賦》「道真」可證。

胡氏《箋證》曰:《旁證》云「作貞誤」云云。紹煐按:《後漢書》及六臣本俱作「道真」，此涉注引《楚辭》「除穢累而反貞」句誤。

【疏證】

諸《文選》本咸作「何」、「真」。奎本以下諸六臣合注本、尤本善注並作「真」。謹案:《後漢書》本傳作「何」、「真」。《幽通賦》載在本書，正作「真」。《楚辭》，見《哀時命》篇，亦作「真」。毛本獨誤作「河」，蓋形近而誤，前人「亻」旁字與「氵」旁多見俗譌。「真」與「貞」，則音形俱近，古文獻多見混淆。陳校當據《後漢書》、本書內證、尤本等正之。

留瀛洲而采芝兮　善曰:《列子》曰:使巨鼇十五舉頭而載之。

【陳校】

注「舉頭而載之」。「載」，當作「戴」。

【集說】

顧按:「載」，亦即「戴」字。

胡氏《考異》曰:注「《玄中記》曰」下至「沈於大海」，袁本、茶陵本無此一百十六字。

【疏證】

尤本同。奎本以下諸六臣合注本並無上一百十六字。本條正在其中。謹案：事見《列子・湯問》，正作「戴」，《後漢書》本傳章懷注同，本書左太沖《吳都賦》「首冠靈山」注、木玄虛《海賦》「則有崇島巨鼇」注引亦同。然顧按是，「載」與「戴」通。參下任彥升《劉先生夫人墓誌》「欣欣負載」條。毛本當從尤本，陳校不必改也。

夕余宿乎扶桑 善曰：《淮南子》：沸於扶桑。《海外東經》曰：黑齒國北暘谷上有扶桑。

【陳校】

注「沸於扶桑。《海外東經》」。按：「沸」，當作「拂」。「東」下，脫「山」字。

【集說】

胡氏《考異》曰：「《海外東經》曰」下至「有扶桑」，袁本、茶陵本無此十五字。

【疏證】

尤本作「拂」。無「山」字。奎本以下諸六臣合注本並作「拂」，無「《海外東經》曰」下十五字。謹案：《淮南子》見《天文》篇，正作「拂」，本書張平子《西京賦》「象扶桑與濛汜」注、謝希逸《月賦》「擅扶光于東沼」注、謝宣遠《九日從宋公戲馬臺集送孔令詩》「扶光迫西汜」注引並同。「黑齒國」云云，見《山海經・海外東經》，並無「山」字。毛本傳寫獨譌作「沸」，陳校正之，是。「東」下本無「山」字，則陳校非也。

嘉羣神之執玉兮 善曰：《國語》曰：仲尼曰：丘聞之，昔禹致群臣於會稽之山。……韋昭曰：羣臣謂主山川之君為羣神之主，故謂之神。

【陳校】

注「禹致群臣」。「臣」，當作「神」。下同。

【集說】

胡氏《考異》曰：注「昔禹致群臣於會稽之山」。陳云：「臣當作神。」是也，各本皆誤。

梁氏《旁證》曰：陳校「臣」改「神」，注同。是也。

【疏證】

尤本正文、韋注二作「神」，惟《國語》作「臣」。奎本以下諸六臣合注本正文、《國語》作「臣」、韋注二作「神」。謹案：《國語》，見《魯語下》並韋昭注作「神」，《後漢書》本傳引同。然《孔子家語．辨物》載此事作「臣」，《太平御覽》卷四十三、卷三百七十七兩引《家語》同。《初學記》卷十九「骨專車」注引《國語》亦作「臣」。禹所致者，是群神，況善既引韋昭注本《國語》，則悉當作「神」為是。諸《文選》本有文及《國語》作「臣」者，又《孔子家語》作「臣」者，豈皆緣「子不語怪力亂神」者歟？膠固亦甚矣。毛本之誤，陳校當依《國語》正之，故不見言「舊本」矣。

存重華乎南鄰　善曰：《山海經》曰：舜之所葬。存長沙界中。《說文》曰：存，恤也。

【陳校】

注「存長沙界中」。「存」，舊本作「在」。

【疏證】

奎本以下諸六臣合注本、尤本悉作「在」。謹案：《山海經》，見《海內經》，正作「在」。本書嵇叔夜《琴賦》「指蒼梧之迢遞」注引《山海經》作「在長沙零陵界」，最是，謝靈運《初發石首城》「遊湘歷九嶷」注同，然無「《山海經》」字。毛本蓋涉正文及注下引《說文》而誤。陳校當據尤本等正之。

顧繽處彼湘濱

【陳校】

「顧」，舊本作「翩」。

【集說】

胡氏《考異》曰：案：「繽」，《後漢書》作「儐」，章懷注「翩，連翩也。儐，棄也。」善不注，未審果何作。其五臣翰注云「翩繽，美貌」，恐非善意。其字固不必作「繽」也，蓋涉下文「繽連翩兮紛暗曖」而誤。五臣因輒以「美貌」解之。

梁氏《旁證》曰：毛本「翩」誤作「顧」。翰注：「翩繽，美貌。」《後漢書》「翩繽」作「翩儐」，注：「翩，連翩也；儐，棄也。」胡公《考異》曰：「作『繽』者，恐涉下文『繽連翩兮紛暗曖』而誤。」

胡氏《箋證》曰：六臣本作「翩繽」。……此「翩」字誤作「顧」。……紹煐按：翰注「翩繽，美貌」，則作「繽」為五臣本。

許氏《筆記》曰：「顧繽」，《後書》作「翩儐」。注云：「翩，連翩也。儐，棄也。」

黃氏《平點》曰：「翩繽處彼湘濱」句，《後漢書》「繽」作「儐」，是也。

【疏證】

諸《文選》本咸作「翩繽」。謹案：《楚辭集注・後語》作「翩繽」。五臣作「翩繽」，翰注可證。前胡疑五臣「繽」涉下文誤，未為無據，然善注未必不能同《後漢書》，作「翩儐」或是。毛本獨作「顧繽」，則非。

又善曰：《山海經》曰：洞庭之山……交游滿湘之淵。

【陳校】

注「交游滿湘之淵。」「滿」，舊本作「瀟」。

【集說】

胡氏《考異》曰：注「《山海經》曰：洞庭之山」下至「遂號為湘夫人也」，袁本、茶陵本無此一百八十三字。

【疏證】

尤本作「瀟」。奎本以下諸六臣合注本並無此一百八十三字。謹案：本條及下條，正在此一百八十三字中。《山海經》，見《中山經》，正作「瀟」。毛本蓋從尤本，誤作「滿」字。陳校當從尤本系統本正之。本書謝玄暉《新亭渚別范零陵詩》「瀟湘帝子遊」注引《山海經》作「是常遊於江淵澧沅，風交瀟湘之川」，文有異同，然亦可為當作「瀟」字之佐證。

又善曰：《楚辭》曰：洞庭風兮水葉下

【陳校】

注「洞庭（波）［風］兮水葉下」。舊本「水」作「木」。

【集說】

梁氏《旁證》曰：「洞庭風兮木葉下」。各本皆同。今《楚辭》「風」作

「波」。

【疏證】

尤本作「木」。奎本以下諸六臣合注本無此十字。謹案：《楚辭》見《湘夫人》，今本作「波」、「木」。毛本從尤本而譌為「水」字，陳校正之。參上條。梁校謂「各本皆同」，未知其「各本」謂何本。

覩有黎之圮墳　善曰：《左氏傳・昭十九年》……為祝融。

【陳校】

注「昭十九年」。「十」上，舊有「二」字。

【集說】

胡氏《考異》曰：注「《左氏傳》」下至「為祝融」，袁本、茶陵本無此十七字。

【疏證】

尤本脫「二」字。奎本以下諸六臣合注本無此十七字。謹案：事正見《左傳・昭二十九年》。毛本當誤從尤本。未知陳校所謂「舊本」何指。陳校正之所依當亦有《左傳》。

水泫沄而涌濤　善曰：《爾雅》曰：沄，沈也。

【陳校】

注「沄，沈也。」「沈」，舊本作「沆」。

【集說】

胡氏《考異》曰：注「善曰：《爾雅》曰：沄，沈也。」袁本、茶陵本無此八字。

【疏證】

尤本作「沉」。奎本以下諸六臣合注本並無此八字，謹案：《爾雅》，見《釋言》，作「沉」，「沈」與「沉」同。陳校謂舊本作「沆」，未知何本。檢《爾雅》郭注云：「水流漭沆」。《疏》云：「《說文》云：『沄，轉流也。』一曰：沆。郭云：『水流漭沆。漭沆，水大貌。』」陳所謂「舊本」，正與郭注合，然則，其「舊本」云云，包括他書焉。尤本「善曰」二字當有，蓋以界限舊注與善注必須者（奎本等六臣合注本已移植注首）。「《爾雅》」以下六字，尤本當有所本，毛本亦從尤本。

溫風翕其增熱　善曰：《淮南子》曰：自北戶孫之外。高誘曰：北戶孫乃國名也。

【陳校】

注「自北戶孫之外」。宋本無「孫」字。又下「孫乃」，宋作「孤竹」。

【集說】

胡氏《考異》曰：注「自北戶之外」，袁本、茶陵本「戶」下有「孫」字。又注「北戶孤竹」。袁本、茶陵本「孤竹」作「孫」。

【疏證】

尤本無「孫」字、作「孤竹」。奎本以下諸六臣合注本並作「北戶孫」、注作「孫」，謹案：《淮南子》，見《時則》篇，今本作「自北戶孫之外」高注：「北戶孫，國名。」高注無「乃」字。《太平御覽》卷二十三引同。《後漢書》本傳章懷注引亦無「孫」字。蓋二李所見《淮南子》與今本不同。毛本高注獨作「孫乃」，或與「孤竹」，形近而誤耳。本條陳所謂「宋本」，正係尤本。不稱「舊本」，蓋於二者稱亦有別。

又曰：《楚辭》曰：心再悒余恾憏

【陳校】

注「心再悒余恾憏」。「再」，舊本作「鬱」、「恾憏」作「侘傺」。

【疏證】

奎本以下諸六臣合注本、尤本悉作「鬱」、「侘傺」。謹案：《楚辭》，見《九章・惜誦》，作「心鬱邑余侘傺。」本書載《離騷》有「忳鬱邑余侘傺」句例正同，亦作「鬱」、「侘傺」。「恾憏」與「侘傺」同。《說文通訓定聲・豫部》：「侘，《離騷》：『忳鬱邑余侘傺兮……』字亦作恾憏」。是其證。毛本獨誤「再」字。陳校當據尤本等正之，或亦有《楚辭》。

聞此國之千歲兮　善曰：《海外西山經》曰：軒轅之國，不壽者八百歲。

【陳校】

注「不壽者八百歲」。「不」，當從范《書》注作「下」。

【集說】

胡氏《考異》曰：注「不壽者八百歲」。何校「不」改「下」。陳曰云云。是也，各本皆譌。

梁《旁證》：何校「不」改「下」，陳同。各本皆誤。

【疏證】

奎本以下諸六臣合注本、尤本悉同。謹案：《後漢書》注引作「下」，《事類賦》卷三引同。《藝文類聚》卷七十四、《太平御覽》卷七百九十、晉・張華《博物志》卷二、今本《山海經・海外西經》並作「不」。毛本當從尤本等，陳、何皆從《後漢書》改為長。

蹶白門而東馳兮　善曰：《淮南子》曰：八極西南方，曰徧駒之山，曰白門。

【陳校】

注「徧駒之山。」「徧」，舊本作「偏」。

【疏證】

奎本以下諸六臣合注本、尤本作悉「偏」。謹案：《後漢書》引《淮南子》，作「編」。《淮南子》，見《墬形》篇，今本亦作「編」。《北堂書鈔》卷一百五十七「八澤八紘」注、《初學記》卷五「八紘之外有八極」注引、《古今合璧事類備要》前集卷五「八極」注引並作「編」。偏與編，音同，可通借，「舊本」作「偏」者，蓋魏晉以來，亻旁與彳旁不分，俗譌字耳。毛本當誤從尤本等，陳校非。

號馮夷俾清津兮　舊注：《書傳》曰：河伯，華陰潼鄉人也，姓馮氏，名夷。

【陳校】

注「《書傳》曰」。「書」，舊本作「青令」。

【集說】

梁氏《旁證》曰：「青令」，各本作「書令」。何校「書」改「青」，「令」作「林」。余校引《魚龍河圖》：「河伯，姓呂，名公子。夫人姓馮，名夷。」

許氏《筆記》曰：注「《書傳》曰」，六臣本作「《青令傳》」，伯顏本作「《書令傳》」，何改「《(音)〔青〕令傳》」，皆非是。《莊子》釋文：「司馬云：《清泠傳》曰：『馮夷，華陰潼鄉隄首人也，服八石，得水仙，是為河伯。』一云以八月庚子，浴於河而溺死，一云渡河溺死。」當作「《清泠傳》」。

【疏證】

奎本以下諸六臣合注本、尤本悉作「青令傳」。謹案：《莊子・大宗師》「馮夷得之以遊大川」郭注作「《清泠傳》」。宋・趙德麟《侯鯖錄》卷八《馮夷傳》引亦作「《清泠傳》曰」注云：「出《莊子・大宗》第六卷義注中。」許氏所引出陸德明《音義》，亦是。毛本當從尤本等，陳、何校皆係音近字，當從《莊子》郭注為妥。許說是也。

櫂龍舟以濟予　舊注：予，合韻，音夷渚切。

【陳校】

注「合韻」，舊本作「協韻」。

【集說】

顧按：「合」字，是也。

胡氏《考異》曰：注「予，合韻，音夷渚切。」袁本、茶陵本無此七字。

張氏《膠言》曰：「櫂龍舟以濟予」與「渚」、「佇」為韻。注云：「予，協韻，夷渚切。」雲璈按：「予」乃本音，羊汝反，並非協也。胡中丞本校云：「善本無予協韻六字」。

梁氏《旁證》曰：六臣本作「音與。協韻。」許氏慶宗曰：「《曲禮》：『予一人。』《釋文》：『依字音羊汝反』，則予自合韻，不必協音也。」姜氏臯曰：「《匡謬正俗》云：『予，當讀如余。《詩》予，悉音余也。』按《詩》：『顛倒思予』，同顧為韻。『或敢侮予』，同雨、土、戶為韻。『將伯助予』，同雨、輔為韻。『女轉棄予』，同雨、女為韻。『胡寧忍予』(《四月》)，同夏後五反、暑為韻；《雲漢》同沮、所、顧、助為韻。皆予之本音也。」

【疏證】

尤本作「合」。五臣正德本及陳本、奎本以下諸六臣合注本「予」字下，並有：「音與。協韻」。謹案：據六臣合注本，「協韻」字，蓋出五臣耳。顧按是，「合」字出善注。陳校所謂「舊本」，是五臣本與六臣合注本矣。本條可見顧校《舉正》前後之跡。初，顧氏就周鈔《舉正》點勘，作《考異》時，則參從袁、茶二本說是非。其實，不離陳校。

曰信近而遠疑兮

【陳校】

舊本「信近」二字，乙。

【疏證】

諸《文選》本咸作「近信」。謹案：《後漢書》、《通志》本傳作「近信」。五臣作「近信」，濟注可證。「近信」始與「遠疑」相對，此毛本獨倒。陳校正之，所據本句句法外，或有《後漢書》等。

尉厖眉而郎潛兮　善曰：《漢武故事》曰：土感其言。

【陳校】

注「土感其言」。「土」，舊本作「上」。

【疏證】

尤本作「上」。奎本、贛本、建本作「上遂」。明州本作「善同良注」，良注無「帝」字。謹案：《後漢書》本傳亦作「上」。此毛本獨因「土」、「上」形近而譌。《後漢書》本傳引《漢武故事》，亦無「遂」字。陳校當據《後漢書》等正之。

穆屆天以悅牛兮　善曰：《左氏傳》曰：穆，叔孫穆子名豹。魯大夫。有罪，走向齊。及庚宗，遇婦人，通之，有子。在齊，夢天壓已不勝，顧而見人黑而上僂，深目而猳喙。號之曰：牛，助余！乃勝之。旦而瞻其徒，無之。後穆子還過庚宗。婦人獻熊。穆子問之曰：女有子乎？曰：余子已能捧雉而從我矣。……未問其名，號之曰牛。……使為豎。牛欲亂其室而有之。叔孫疾，牛詐謂外人曰：夫子疾，病不欲見人。使寘饋于介而退。牛不進叔孫。覆器空而還之，示君已食。穆子遂餓而死。

【陳校】

注「婦人獻熊」。「熊」，舊本作「雉」。

【集說】

胡氏《考異》曰：注「旦而瞻其徒」下至「而從我矣」，袁本、茶陵本此三十八字，作「魯人召之所宿庚宗之婦人，獻以雉，曰：余子長」十八字。

梁氏《旁證》曰：注「旦而瞻其侍」，又「婦人獻雉」。今《左氏傳》「瞻其侍」作「皆召其徒」。毛本「雉」誤作「熊」。

許氏《筆記》曰：六臣本注：「善曰：《左氏傳》曰：『初，穆子去叔孫氏……使寘饋于个而退。牛不進叔孫。不食而卒。』」今注為後人所亂。惠棟云：「蓋增益《傳》文而為之。或本《左氏》舊說。」

【疏證】

尤本同。奎本、贛本、建本作「以雉」。明州本善注無引《左傳》。謹案：事見《春秋左傳注疏・昭公四年》正作「以雉」，《藝文類聚》卷九十、《太平御覽》卷四百、卷九百十七《冊府元龜》卷八百九十二、《古今事文類聚》後集卷二十一，本書《運命論》「叔孫豹之暱豎牛也」注、《後漢書》本傳注引並同。毛本當誤從尤本，陳校當據贛本等六臣合注本正之，或亦有《左傳》。

又曰：使寘饋於介而退。

【陳校】

「介」，舊本作「个」。

【集說】

顧按：「介」字不誤。《運命論》注同。

【疏證】

奎本、尤本、建本同。贛本正作「个」。明州本善注無引《左傳》。謹案：《春秋左傳注疏・昭公四年》作「个」。疏引《月令》：「天子居左个、右个。是个為東、西廂也」。《冊府元龜》卷八百九十六引亦作「个」。本書《運命論》「叔孫豹之暱豎牛也」注作「介」。「介」與「个」通。《尚書注疏・秦誓》：「如有一介臣」釋文：「介，字又作个，音工佐反」。《集韻・箇韻》：「箇，或作个、介」。皆是其證。毛本蓋從尤本等，本條「个」乃「介」之借，顧按是，陳校不必改焉。

又曰：牛不進叔孫，覆器空而還之，示君已食。穆子遂餓而死。

【陳校】

「覆器空而還之」。「還」，作「還」。

【集說】

胡氏《考異》曰：注「覆器」下至「而死」，袁本、茶陵本此十六字作「不食而卒」四字。

【疏證】

尤本作「還」。奎本、贛本、建本作「不食而卒」。明州本善注無引《左傳》。謹案：《春秋左傳注疏・昭公四年》作「不食。乙卯卒」。《說文・辵部》：「選，遣也。从辵、巽。巽，遣之。巽，亦聲。一曰選擇也。」然則，毛本作「選」字，當別有所宗，要亦不出尤本系統焉。檢惠棟《春秋左傳補註・昭四年傳》「置虛命徹」云：「《張衡集》舊注引《傳》云：牛不進叔孫，覆器空而還之，示君已食。蓋增益《傳》文而為之，或本左氏舊說，意亦與杜注同也。」見《張衡集》亦作「還」。此句陳校所據當即尤本，但亦不須改焉。本條陳校未言「舊本」，再見彼於尤本專稱「宋本」。

嬴擿讖而戒胡兮 舊注：《蒼頡篇》：讖書，河洛書也。《讖文》曰：讖，驗也。《秦語》曰……葬始皇驪山。

【陳校】

注「《讖文》」。舊本作「《說文》」。

【集說】

胡氏《考異》曰：注「《蒼頡篇》讖書」下至「葬始皇驪山」，袁本、茶陵本無此三百三十七字。案：此亦非舊注也。若有之，善不煩於下更注矣。

【疏證】

尤本作「《說文》」。奎本以下諸六臣合注本並無此三百三十七字。謹案：《說文》，見《言部》，云：「讖，驗也。从言、韱聲。楚蔭切。」本書《魏都賦》「藏氣讖緯」注、賈誼《鵩鳥賦》「讖言其度」注引並作「《說文》」。毛本當從尤本，復涉上文而誤。陳校是也。此亦非舊注，前胡《考異》說，是。下二條同。此等處皆陳、何校「不能絜其綱維，斷斷於片言隻字」之證也。

又：太子無尺寸之地。

【陳校】

注「太」，舊本作「而」。

【疏證】

尤本誤同。奎本以下諸六臣合注本並見上條。謹案：《史記・李斯列傳》作「而子」，《長短經・懼誡》同。毛本當涉上文「扶蘇即位為皇帝」之「扶蘇」字而誤。陳校所謂「舊本」，未知何本。

又：為人臣不知。

【陳校】

注「知」，舊本作「忠」。

【疏證】

尤本誤同。奎本以下諸六臣合注本並見上條。謹案：《史記・李斯列傳》作「忠」。毛本當從尤本之誤，陳校正之，然不知彼所謂「舊本」係何本。

又：善曰：《史記》曰：盧士使人奏籙圖。

【陳校】

「士」，舊本作「生」。

【疏證】

奎本以下諸六臣合注本、尤本作悉作「生」。謹案：事見《史記・秦始皇本紀》，作「生」字。《北堂書鈔》卷九十六「亡秦者胡」注引同。毛本獨因形近而誤，陳校當據《史記》等正之。

或輦賄而違車兮　舊注：昔有周犫者，家貧。

【陳校】

注「家貧」。舊本「家」下有「甚」字。

【集說】

胡氏《考異》曰：注「家甚貧」。袁本、茶陵本無「甚」字。

【疏證】

奎本以下諸六臣合注本並同。尤本有「甚」字。謹案：《古今事文類聚》前集卷三十六「借財命窮」引《搜神記》無「甚」字。毛本或從六臣合注本，陳校或從尤本系統本補。

又注：致貲且萬。及期，忌司命之言。

【陳校】

注「致貲且萬」。「且」，舊本作「巨」。

【集說】

胡氏《考異》曰：注「致貲巨萬。及期，忌司命之言。」袁本、茶陵本此十一字作「利及期」三字。

【疏證】

尤本作「巨」。奎本以下諸六臣合注本並作「利及期」。謹案：《古今事文類聚》前集卷三十六「借財命窮」引《搜神記》作「利及期」。毛本當從尤本，復誤「巨」作「且」。陳校或從尤本系統本正之。

占水火而妄訊　善曰：《左氏傳》曰：禆竈言于子產曰：……猶必不火。子產不聽。

【陳校】

注「猶必不火」。「猶」，舊本作「鄭」。

【集說】

胡氏《考異》曰：注「禆竈言于子產曰」下至「子產不予」。袁本、茶陵本無此三十一字。

【疏證】

尤本同。奎本以下諸六臣合注本並無此三十一字。謹案：事見《春秋左傳注疏・昭公十七年》，正作「鄭」字，《太平御覽》卷七百三十二、卷七百六十一、卷八百七十五，《冊府元龜》卷七百三十三，《古今事文類聚》前集卷三等並同。毛本當從尤本，而又以形近，誤「鄭」作「猶」。陳校當從尤本系統本正之。

又曰：今言梓慎禆竈……在於水火。……為言事之難知也。

【陳校】

注「在於水火」。「在」，舊本作「占」。

【集說】

胡氏《考異》曰：注「今言梓慎禆竈」下至「為言事之難知也」。袁本、茶陵本無此二十七字。

【疏證】

尤本作「占」。奎本以下諸六臣合注本並無此二十七字。謹案：《魏志．劉劭傳》：「梓慎裨竈，古之良史，猶占水火，錯失天時」云云，亦作「占」。《太平御覽》卷二十九引《魏略》、卷五百三十九引《晉書》並同。據下文「占，謂自隱度而言也」句，亦可證作「占」是（參下條）。毛本當從尤本，而又以形近，誤「占」作「在」。陳校當從尤本系統本正之。

又曰：古，謂自隱度而言也。

【陳校】

注「古」，舊本作「占」。

【疏證】

奎本以下諸六臣合注本、尤本悉作「占」。謹案：毛本獨因形近而誤，陳校當據尤本等正之。

梁叟患夫黎丘兮　善曰：《呂氏春秋》曰：邑丈人有之市而醉歸者，酒醒而誚其子曰：「吾為汝父也。豈謂不慈哉？我醉，汝道苦我何族？

【陳校】

注「汝道苦我何族」。「族」，舊本作「故」。

【集說】

余氏《音義》曰：「何族」。何校「族」改「故」。

胡氏《考異》曰：注「曰吾為汝父也」下至「何故」。袁本、茶陵本無此十九字。

梁氏《旁證》曰：胡公《考異》曰云云。姜皋曰：「此節見於今本《呂氏春秋．疑似篇》，（惟）『而謂其子』之『謂』作『誚』……餘皆同於李注所引。即《太平御覽》八百八十三所引亦同。……袁及茶陵本不知何所本，而任意刪節也。」

【疏證】

尤本作「故」。奎本以下諸六臣合注本悉無「我醉，汝道苦我何族」云云。謹案：《呂氏春秋．慎行．疑似》作：「我醉，汝道苦我，何故？」《太平御覽》

卷八百八十三引同。尤本取《呂氏春秋》作「故」字，不誤。毛本出尤本，然「故」譌「族」。陳、何校當據尤本系統、《呂覽》等正之。袁、茶本蓋祖奎本，此前胡、姜二氏不能知矣。

又曰：高誘曰：誚，讓也。

【陳校】

注「誚，讓」。舊本作「譙，讓」。

【疏證】

尤本同。奎本以下諸六臣合注本並作「譙，讓」。謹案：《呂氏春秋·慎行·疑似》高注作：「誚，讓」。檢《說文·言部》：「譙，從言、焦聲」；「誚，古文譙，從肖。《周書》曰：『吾未敢誚公。』」然則，「誚」、「譙」係古今字。毛本從尤本，蓋宗《呂覽》用古字，諸六臣本則從今字耳。陳校亦不必改焉。

毋緜攣以倖己兮　舊注：倖，引也。善曰：倖，胡令切。

【陳校】

「倖」，舊本作「涬」。注同。

【集說】

孫氏《考異》曰：「涬」，誤「倖」。

顧按：「涬」，是五臣本。

胡氏《考異》曰：「毋緜攣以倖己兮。」何校「倖」改「涬」，注同。茶陵本有校語云：善作「倖」，袁本無。案：《後漢書》作「涬」。章懷引《衡集》注云：「涬，引也。」與此舊注正合。恐善亦作「涬」，茶陵及尤所見「倖」字，傳寫誤也。

張氏《膠言》曰：何校「倖」改「涬」。胡中丞曰：「《後漢書》作『涬』……與此舊注正合。此『倖』字，傳寫誤也。」

梁氏《旁證》曰：何校「倖」改「涬」。六臣本及《後漢書》亦並作「涬」。《後漢書》注引「《衡集》注云：『涬，引也。』言勿牽制於俗，引憂于己。」

姚氏《筆記》曰：何改「涬」，云：「宋本誤倖」。

胡氏《箋證》曰：五臣本及《後漢書》並作「涬」。按：善「胡泠切」，是善本亦作「涬」，此蓋傳寫誤。

許氏《筆記》曰:「倖」。《後漢書》作「涬」,當作「倖」。《字書》以「倖」為「僥倖」、「侫倖」;以「涬」為「溟涬」,大水混沌皃;又「溟涬」,自然氣。並下頂切。今訓為「引」則與「僥倖」之義相近。嘉德案:茶陵陳本云:善作「倖」。何校從《漢書》改「涬」,然以訓義求之當為「倖」也。古「僥倖」字作「幸」,今經典、《字書》皆為「倖」,《玉篇》:「涬,水盛皃」。

【疏證】

尤本同。五臣正德本、陳本作「涬」,音「胡泠」。奎本、贛本、建本作「涬」,校云:善作「倖」。明州本同奎本,脫校語。《通志》本傳同《後漢書》。謹案:五臣作「涬」,銑注可證。善本亦作「涬」,合二胡說,證據有二:《後漢書》本傳作「涬」,章懷注引「《衡集》註云:『涬,引也』」,與善引舊注合;章懷注:「涬,音胡鼎反」,又與善音注「胡令切」同。故二胡以作「倖」字,傳寫誤也。其實,魏晉以降,古人傳寫多見氵、亻不分,故「倖」實為「涬」之俗寫,毛本當從尤本,陳、何校正之,非無理也。上述諸家說,除二許訓義曲說外,皆可參考。本條何云「宋本」,陳稱「舊本」,雖不能定為一本,當皆與尤本有涉。

景三慮以營國兮　善曰:《呂氏春秋》曰:……司馬子韋曰:熒惑守心,心,宋之分野,君當之,若察,可移於相。

【陳校】

注「若察,可移於相。」「察」,舊本作「祭之」。

【疏證】

尤本作「祭」。奎本以下諸六臣合注本作「祭之」。謹案:今本《呂氏春秋·制樂》「分野」下作「禍當於君,雖然,可移於宰相」,《初學記》卷一「三舍」注作「禍當君,可移於宰相」、本書劉孝標《辯命論》「故宋公一言」注「君當移於相」。皆從今本。《後漢書》本傳章懷注作:「君當祭之」,宋·童宗說等《柳河東集注·貞符》「宋之君以法星壽」注、郝氏《續後漢書·陸凱傳》「熒惑守心,宋景退殿」注引並同。是二李所見本與今本不同。並作「祭之」。毛本當從尤本,復以形近誤作「蔡」。陳校所從「舊本」,當六臣合注本。

又曰：豈可除心腹之疾。

【陳校】

舊無「豈可」二字。

【集說】

胡氏《考異》曰：注「豈可除心腹之疾」。袁本、茶陵本無「豈可」二字。

【疏證】

尤本同。奎本以下諸六臣合注本並無「豈可」二字。謹案：今本《呂氏春秋・制樂》無此句。《後漢書》本傳章懷注引無「豈可」二字，郝氏《續後漢書・陸凱傳》「熒惑守心，宋景退殿」注引有此二字。「豈可」與下文「除心腹之疾移於股肱可乎」之「可乎」複，不當有。毛本當誤從尤本，陳校當據六臣合注本正之。

魏顆亮以從治兮，鬼亢回以斃秦　善曰：《傳》：宣公十五年秋七月，秦桓公伐晉，次於輔氏，輔氏即晉地。使魏顆敗秦師於輔氏，獲杜回，秦之力人也。魏顆所以敗秦師者，專由魏焠妾之父也。他年魏武子，武子即焠也，有嬖妾，無子，武子疾病，命顆曰：必嫁是妾。及武子疾甚困，則更命顆曰：必殺以為徇葬。及武子卒，顆嫁之，不殺徇葬，曰：疾病則心情亂，吾從其治時也。及今年有輔氏之役，顆領兵拒秦師之日，忽見一人在前結草以亢禦杜回，杜回遂躓而顛，故獲杜回，於是秦師遂敗。獲杜回之夜，夢曰：余，汝所嫁婦人之父也。爾用先人之治命，余是以報也。

【陳校】

「魏顆亮以從治」注。舊本無「《傳》宣公」以下至「婦人之父也」云云。當從之，削去為是。

【集說】

胡氏《考異》曰：注「傳宣公十五年秋七月」下至「余，汝所嫁婦人之父也」。袁本、茶陵本無此一百八十四字。何校乙去，云：「複雜不成文理。」陳云：「別本無，當從之削去為是。」案：是也。此等皆尤延之增多而誤者。

梁氏《旁證》：《後漢書》「治」，作「理」，「斃」，作「敝」。六臣本「斃」作「弊」。林先生曰：「此善注複遝，不若章懷注之簡明，應據彼刪正。」六臣本亦削去「《傳・宣公十五年》」以下一百八十四字。謹案：此亦尤本增多，何、陳皆削去，是也。

許氏《筆記》曰：六臣本善注：「余，而所嫁婦人之父也」，下直接「爾用先人」二句。無《傳》「宣公」以下等語，從之。嘉德案：何校亦削。

【疏證】

尤本同。奎本以下諸六臣合注本悉無此一百八十四字。奎本起首「魏武子」上，善注較良注多出「《左氏傳》曰：初」五字，中間「疾病」，良作「疾甚」、「必以」，作「必為」，結末「婦人之父也」下，善注「爾用先人之治命，余是以報也」十二字，良作「杜回」二十四字，其餘六十餘字，兩家注同。同多異少，奎本並列出。由此可見奎本不輕易省稱「某同某」。明州本則不顧上述差別，逕省作「善同良注」。贛本善注同奎本，惟改「疾病」為「疾甚」、「甚」字，據文意從五臣，是。而於良注刪「魏武子」以下六十三字，則非。建本全依贛本。尤本善注獨較六臣合注本多出「傳宣公十五年」以下一百八十四字，似非尤氏直接采自《左傳》，未知從何本孱入焉。陳、何校乙去，或是。然尤本或亦有所據，故有如林茂春言《後漢書》本傳章懷注引《左傳》較善注簡明，因主「應據彼刪正」，並非無理，可備一說。

又何往而不復　善曰：《周易》曰：無住不復。

【陳校】

注「無住不復」。「住」，舊本作「往」。

【疏證】

奎本依諸六臣合注本、尤本悉作「往」。謹案：語見《周易・泰》，字正作「往」。今但觀正文，似亦可正。然此或由古人亻旁、彳旁傳寫不分所致，「住」或「往」之俗寫耳，當然，陳據「舊本」，或有《周易》正之，亦得。

魂憹惘而無儔　善曰：《楚辭》曰：悵憹惘兮未思。

【陳校】

注「悵憹惘兮未思。」「未」，舊本作「永」。

【疏證】

奎本以下諸六臣合注本、尤本悉作「永」。謹案：《楚辭》，見《哀時命》

篇，作「悵惝罔以永思兮。」毛本獨因形近而誤，陳校從六臣合注本等正之。

行積冰之磑磑兮　善曰：《方言》曰：磑磑，堅也。牛哀切。《方言》磑，堅也。

【陳校】

注「《方言》磑，堅也。」五字衍。

【集說】

胡氏《考異》曰：注「《方言》曰：磑磑堅也。」袁本、茶陵本無「《方言》曰」三字，「堅也」，作「高貌」。

許氏《筆記》曰：注「《方言》：磑磑，堅也」五字複，削。

【疏證】

尤本同。奎本、明州本作：「磑磑，高貌。牛哀切。《方言》：『磑，堅也。』」贛本、建本「方言」下有「曰」字，餘同奎、明二本。謹案：本條善注先有「《方言》曰：磑磑，堅也」七字。下文復出「《方言》：磑，堅也」五字。陳校既言「五字衍」，則必削下文，其結果為：「《方言》曰：『磑磑，堅也。』牛哀切。」準前胡《考異》校，則為：「磑磑，高貌。牛哀切。《方言》：『磑，堅也。』」今檢《方言》十二：「磑，堅也」。並無訓「磑磑」詞。顯與陳校結果不合，陳校誤矣。前胡校是，實同奎、明二本。許氏既明言「五字」，則同陳校誤削下文也。毛本當誤從尤本。

玄武縮於殼中兮　舊注：《春秋漢舍孳》曰。

【陳校】

注「《春秋漢舍孳》」。「舍」，舊本作「含」。

【疏證】

奎本以下諸六臣合注本、尤本悉作「含」。謹案：《古微書》卷十二載《春秋漢含孳》篇。本書僅《西都賦》一篇「及至大漢受命」注、「蓋以強榦弱枝」注、「立號高邑」注，三引此書並作「含」。本條係傳寫偶譌。陳校據六臣合注本正之。

騰蛇蜿而自糾　舊注：《淮南子》曰：奔蛇。《廣雅》曰：蛇，蜿也。

【陳校】

注「蛇，蜿也。」舊本作「蜿，曲也」。

【集說】

胡氏《考異》曰：注「《淮南子》曰：奔蛇。《廣雅》曰」，袁本、茶陵本無此九字。

許氏《筆記》曰：注「《廣雅》曰：蛇，蜿也」。當作：「蜿，曲也」。

【疏證】

尤本作「蜿，曲也」，餘同。奎本以下諸六臣合注本無「《淮南子》」九字、有「蜿，曲也」三字。謹案：《淮南子・覽冥》云：「前白螭，後奔蛇」，高誘注：「奔蛇，騰蛇」。然《廣雅》無「蜿，曲也」語，上句似當作「《淮南子》注曰：『騰蛇，奔蛇也。』」下句當從上諸本作「蜿，曲也。」尤本當有所本而又有譌脫。許校亦非。毛本當從尤本，又有譌誤。陳校「舊本」，與六臣合注本同。

庸織路於四裔兮

【陳校】

「路」，舊本作「絡」。

【集說】

余氏《音義》曰：《後漢》「路」作「絡」。注曰：「猶經緯往來」。

梁氏《旁證》曰：《後漢書》「路」作「絡」。

姚氏《筆記》曰：何云：「路，范《書》作絡」。

【疏證】

諸《文選》本悉同。謹案：路，歷各切。《集韻・鐸韻》：「路，纍也。通作落。」此讀與「絡」同。《說文・糸部》：「纍，綴得理也。」又，本書《羽獵賦》：「迺虎路三嵕以為司馬」晉灼曰：「路，音落。落，纍也。」《漢書》引晉灼注作「路，音洛」。師古曰：「落，纍也。以繩周繞之也」。是「路」與「絡」，其義亦合。本為通假。五臣作「路」，向注可證。又觀善注：「言涉路東西，有似於織也。」是善注亦作「路」。然則，《文選》自作「路」，《後漢書》自作「絡」，兩存可也。毛本當從尤本等，陳、何校亦備異聞而已。

舊注：南至焱火。

【陳校】

「焱」。舊本作「炎」。

【疏證】

奎本以下諸六臣合注本、尤本悉作「炎」。謹案：《後漢書》本傳章懷注亦作「炎火」。毛本當譌，陳校所據「舊本」，同諸《文選》本。

經重瘖乎寂寞兮　舊注：瘖，古陰字。

【陳校】

「經重瘖乎寂寞」。舊作「㾙」。注同。

【集說】

胡氏《考異》曰：注「㾙，古陰字」。茶陵本此四字在注末，案：蓋善語也。尤移入舊注，袁本刪之，皆非。又案：考舊注，凡引魏晉以來書者，恐皆善注，舛誤各本皆同，無以訂正。

梁氏《旁證》曰：六臣本及《後漢書》「㾙」並作「陰」。

許氏《筆記》曰：「重瘖」。《說文》：「瘖，不能言也。」注以為古「陰」字，蓋同聲而借用。嘉德案：同聲之字古多假借。以瘖為陰，字書無。文當亦假借。

【疏證】

尤本作「㾙」。五臣正德本、陳本作「陰」，奎本以下諸六臣合注本同，惟奎本、明州本校云：善本作「㾙」。贛本、建本校云：善作「瘖」。謹案：《後漢書》作「陰」。前胡云「瘖，古陰字」，乃善注非「舊注」，極是，奎本、明州本、建本善注末皆有「㾙」古字三字。五臣作「陰」，濟注可證。善作「瘖」。則舊（善）注可證。《篇海類編・宮室・廣部》「㾙，同陰。」竊疑「㾙」，當係「瘖」之借字。毛本當從建本等，陳所謂「舊本」與尤本同。

慜獖羊之深潛

【陳校】

「深潛」，當作「潛深」。

【集說】

余氏《音義》曰：「深潛」。五臣作「潛深」。

顧按：「潛深」，是五臣本。

胡氏《考異》曰：袁本云：善作「深潛」。茶陵本云：五臣作「潛深」。《後漢書》作「潛深」。陳云：「當作潛深。」今案：「潛」字自協，似當仍其舊。

梁氏《旁證》曰：六臣本及《後漢書》「深潛」並作「潛深」。

胡氏《箋證》曰：五臣作「潛深」，《後漢書》同。此誤倒。

【疏證】

尤本作「深潛」，五臣正德本、陳本作「潛深」。奎本、明州本同，校云：善本作「深潛」。贛本、建本作「深潛」，校云：五臣作「潛深」。謹案：《通志》本傳同《後漢書》。前胡說是，五臣從《後漢書》，並倒。毛本當從尤本，陳校欲以五臣亂善，非也。

善曰：《國語》曰：季桓子穿井獲如土缶，中有羊焉。使問仲尼曰：吾聞穿井得狗。何也？對曰：以丘所聞，墳羊也……龍，罔象。土之怪曰墳羊。

【陳校】

注「吾聞穿井得狗」。舊衍「聞」字。

【疏證】

尤本同。奎本以下諸六臣合注本並無「仲尼曰：吾聞穿井得狗。何也？」下至「龍罔象」三十五字。謹案：事見《國語・魯語下》，「穿」上並無「聞」字。此「穿井得狗」者季桓子，使問之博物者仲尼，「聞」字固不得有焉。此誤涉下文而衍。毛本誤從尤本。陳所謂「舊本」，又惟與尤本同。

又曰：《淮南子》曰……《廣雅》曰：羊，土神。

【陳校】

注「羊，土神」。舊本「羊」上有「羵」字。

【集說】

胡氏《考異》曰：注「《淮南子》曰」下至「土神」，袁本、茶陵本無此二十二字。

【疏證】

尤本同。奎本以下諸六臣合注本並無此二十二字。謹案：《廣雅・釋天》：

「土神，謂之羵羊」。正有「羵」字。尤本當有來歷，毛本從尤本而脫「羵」字。陳校「舊本」與尤本同。

逮燭龍令執炬兮 善曰：《山海經》曰：鍾山之神，人首蛇身……其眠乃晦……是燭九陰。

【陳校】

注「其眠乃晦」。按：「眠」，即「瞑」字，古多通用。

【集說】

胡氏《考異》曰：注「人首蛇身」下至「是燭九陰」，袁本、茶陵本無此三十二字。

【疏證】

尤本同。奎本以下諸六臣合注本無此三十二字。謹案：《山海經》，見《海外北經》，云「其瞑乃晦，其視乃明」，注：「言視為晝，眠為夜也。」正作「瞑」字。《玉篇．日部》：「瞑，夜也。」尤本當別有所本，毛本蓋從尤本。陳校亦是。

瞰瑤谿之赤岸兮，弔祖江之見劉 善曰：《山海經》曰：鍾山有于曰敷，其狀人面而龍身。

【陳校】

注「有于曰敷」。「于」，舊本作「子」。

【集說】

胡氏《考異》曰：注「鍾山有子」下至「而龍身」，袁本、茶陵本無此十三字。

【疏證】

尤本作「子」。奎本以下諸六臣合注本並無此十三字。謹案：《山海經》，見《西山經》篇，作「其子曰皷」。《太平御覽》卷三十八、卷八百八十七並作「子」、「鼓」。前者，有注曰：「鍾山其子曰鼓。此亦神名。名之為鍾山之子耳。其類皆見《歸藏．啟筮》也」。《正字通．皮部》：「皷，俗鼓字。」尤本當別有所本，毛本蓋從尤本，復因形近譌作「于」。陳校所依「舊本」，實與尤本同。「敷」，當「鼓」之譌，陳校未及，蓋未檢《山海經》也。

咸姣麗以蟲媚兮

【陳校】

「蟲」，「蠱」誤。

【疏證】

諸《文選》本咸作「蟲」。謹案：《後漢書》本傳作「蠱」。初讀疑毛本所據本「蟲」為「蠱」之壞字，後檢《說文・蟲部》：「蟲，腹中蟲也。」段注曰：「中、蟲，皆讀去聲。……腹中蟲者，謂腹內中蟲食之毒也。自外而入，故曰中；自內而蝕，故曰蟲。」然則，蟲、蠱義近，並為蟲害。毛本必有所承，非譌字，陳校不必改焉。

增嫮眼而娥眉　善曰：《楚辭》曰：嫮目冥笑眉曼。

【陳校】

注「嫮目冥笑眉曼」。「冥」，舊本作「宜」、「眉」上當脫「蛾」字。

【集說】

胡氏《考異》曰：注「嫮目冥笑眉曼」。何校「冥」改「宜」、「眉」上添「蛾」字。陳同。是也，各本皆誤。

梁氏《旁證》同胡氏《考異》。

【疏證】

奎本以下諸六臣合注本、尤本悉同。謹案：《楚辭》，見《大招》，作：「嫮目宜笑，蛾眉曼只。」本書司馬長卿《上林賦》「宜笑的皪」注引同。《後漢書》本傳章懷注引「嫮目宜笑」。

《古今合璧事類備要》前集卷三十「朱唇皓齒」下引《楚辭》，亦作「嫮目宜笑，蛾眉曼只」。陳、何校當依《楚辭》、《後漢書》等補正。

離朱脣而微笑兮，顏的礫以遺光　善曰：《上林賦》曰：冥笑的礫。

【陳校】

注「冥笑的礫」。「冥」，當作「宜」。

【疏證】

奎本以下諸六臣合注本、尤本悉作「宜」。謹案：《上林賦》載在本書，正作「宜」,《史》、《漢・司馬相如傳》並作「宜」。毛本獨因形近而誤,陳校當據本書內證等正之。

百卉含葩 善曰:《廣雅》曰:烟熅,元氣也。毛萇《詩傳》曰:卉,草也。郭璞曰:草物名也。《說文》曰:「葩」,古「花」字。本誤作「蘤」,音為詭切。此非之用也。

【陳校】

注「葩,古花字。」「葩」,舊本作「蘤」。

【集說】

胡氏《考異》曰:注「《廣雅》曰:烟熅」下至「非此之用也」。袁本、茶陵本無此四十三字。

朱氏《集釋》曰:「百卉含葩」注:「《說文》曰:蘤,古花字。本誤作蘤。音為詭切。此非之謂也。」案:《後漢書》正作「蘤」。章懷注引張氏「《字詁》云:蘤,古花字。」則此注所引乃《字詁》語,非《說文》語矣。「蘤」為「古花字」者,《廣雅・釋草》「蘤」、「葩」、「花」,皆云「華也」。王氏《疏證》曰:「蘤字从艸从白,為聲。古音為如化,故花字从化聲而古作蘤。《堯典》:『平秩南訛』,《史記・五帝紀》作『南為』,《漢書・王莽傳》作『南偽』,是其例也。」余謂:从「白」與从「皅」同義,而注又云「誤作蘤」者,《說文》無「蘤」字,惟「葩」字,云:「華也。从艸,皅聲。」又「皅」字云:「草華白也。从白,巴聲。」「皅」與「葩」同,固宜作「葩」為正。

薛氏《疏證》曰:案:嵇叔夜《琴賦》:「迫而察之,若眾葩敷榮曜春風」注:「古本葩字為花貌。」郭璞《三蒼》:「為古花字。」《廣雅・釋草》:「葩,華也。」《說文》:「華,榮也。从草、𠌶,𠌶,草木華也。」「葩,華也。从艸皅聲。」「皅:草華之白也」。葩、華二字音本相近,又彼此可互訓,故得通用,然經典多用「華」字,如「棠棣之華」、「桃始華」之類是也。若「花」則後出之俗字耳。

許氏《筆記》曰:「含葩」。《後漢書》作「蘤」。注:「張揖《字詁》曰:『蘤,古花字。』」案:《說文》:「葩,華也。从艸巴聲,普巴切」;「蔿,艸也。从艸為聲,于鬼切」,無「蘤」字,且張揖之時亦無今之「花」字,安得云「蘤,古花字」?嘉德案:《說文》無「蘤」字。觀注,《漢書》誤也。《唐韻》:「蘤,音蔿。」《玉篇》:「蘤」,云「花榮也」。

【疏證】

諸《文選》本咸作「葩」。奎本舊注惟「烟熅，和貌。葩，華也」七字。善注惟有「善曰：《周易》曰：天地烟熅，萬物化醇」十三字。無「《廣雅》曰」下至「非此之用也」四十三字。本條「《說文》曰」至「之用也」十五字，正在四十三字之中。尤本有四十三字，注正作「蘤」。明州本、贛本、建本舊注脫「葩，華也」三字，餘同奎本。謹案：本條當合參本書《琴賦》「若眾葩敷榮曜春風」條善注，方能得其真。善云：「古本葩字為花貌。郭璞曰：『葩為古花字。』合讀音于彼切。《字林》音于彼切。張衡《思玄賦》曰：『天地烟熅，百草含葩。鳴鶴交頸，雎鳩相和。』以韻推之，所以不惑」。此注「古本葩字為花貌」、「郭璞曰：葩為古花字」、「合讀音于彼切」三處文義不可通。段玉裁改作：「古本葩字為蘤。郭璞曰：蘤，古花字。今讀韋彼切」。段校是也。依段說，蘤、葩為古今字，蘤有二讀：古讀「花」，今音「韋彼切」。這就弄清了本條「本誤作蘤，音為詭切。此非之用也」之真實含義：原來李善所言是：或本作「蘤」者，是誤本，因「蘤」今音「韋彼切」（即「為詭切」），與正文「葩」音不合，蓋此歌「葩」字本與下聯「雎鳩相和」之「和」字相協，若作「韋彼切」即不協也。此說之證據，便是《琴賦》善注：「以韻推之，所以不惑」。如此解，則本條末句「非此之用」之原因，亦渙然冰釋矣。總而言之：本條善注「《說文》曰」當改作「郭璞曰」，「葩」字不誤。「葩」字，毛本從尤本等不誤，陳校非。又王念孫《疏證》：「蘤字，從草，從白，為聲。古音為如化，故花字從化聲，古作蘤。」與段校可相互發明。

又曰：此非之用也。

【陳校】

「此非之用也」。舊「此非」二字乙。

【疏證】

尤本作「非此」。奎本以下諸六臣合注本悉無此四十三字，本條五字正在其中。謹案：尤本是也，參上條。毛本當倒，陳所謂「舊本」，當尤本系統本。朱氏《集釋》作「此非之謂也。」「用」作「謂」，亦非。

登閬風之層城兮　善曰：《淮南子》曰：崑崙虛有三山：閬風、桐版、玄圃。

【陳校】

注「閬風、桐版、玄圃」。「圃」，舊本作「圃」。

【集說】

胡氏《考異》曰：注「《淮南子》曰：崑崙（墟）[虛]」下至「高一萬一千里」，袁本、茶陵本無此三十三字。

【疏證】

尤本正作「圃」。奎本以下諸六臣合注本無此三十三字。謹案：語見《淮南子·墬形》篇作「縣圃、涼風、樊桐」。本書張平子《西京賦》「昔者大帝」注作「玄圃」、《東京賦》「右睨玄圃」注引作「懸圃」。毛本形近而譌，陳校有尤本及本書內證可證。

安和靜而隨時兮　善曰：《韓詩》曰：靜，貞也。

【陳校】

注「《韓詩》曰」。「詩」下，有脫字。

【集說】

胡氏《考異》曰：注「《韓詩》曰：靜，貞也」。袁本、茶陵本無此六字。

【疏證】

尤本同。奎本以下諸六臣合注本無此六字。謹案：本書宋玉《神女賦》「既姽嫿於幽靜」注、曹子建《洛神賦》「收和顏而靜志」注引並同。王應麟《詩攷·韓詩》：「《靜女》：靜，貞也。」亦同。毛本當從尤本，蓋用本書善注單引《韓詩》訓詁簡體型，不誤，范家相《三家詩拾遺·國風·靜女》「靜女其姝。《韓詩傳》曰：靜，貞也」。「詩」下有「傳」字，蓋繁體型，亦得。陳此校，蓋未明善注引《韓詩》例有繁、簡二型耳。

戒庶僚以夙會　舊注：言戒誓令威早而會，皆供職而來迎我也。

【陳校】

注「威早而會」。「威」，「夙」誤。

【集說】

胡氏《考異》曰：注「言戒誓」下至「而來迎我也」，袁本、茶陵本無此十六字。

【疏證】

尤本作「夙」。奎本以下諸六臣合注本並無此十六字。謹案：但據正文及五臣向曰「占夢宜還，故戒眾神之官早集」云云之「早」字，亦並可證舊注當作「夙早」字。毛本出尤本，而因形近而誤矣。陳校當據尤本正之。

涷雨沛其灑塗　舊注：巴郡謂暴為涷雨。

【陳校】

注「巴郡謂暴為涷雨」。舊本「暴」下有「雨」字。

【集說】

許氏《筆記》曰：《爾雅》：「暴雨謂之涷。」郭：「音東。」

【疏證】

奎本以下諸六臣合注本、尤本並有「雨」字。謹案：毛本傳寫偶脫。善曰：「《爾雅》曰：『暴雨，謂之涷，』」《後漢書》本傳章懷注同，並可為陳校佐證。許引《爾雅》「暴」下亦有「雨」字。

又善曰：《爾雅》曰：暴雨謂之涷雨。注曰：今江東人呼夏月暴雨為涷雨。

【陳校】

注「夏月暴雨為涷雨」。舊本「月」下有「大」字。

【集說】

胡氏《考異》曰：注「《爾雅》曰：暴雨」下至「為涷雨」，袁本、茶陵本無此二十三字。

【疏證】

尤本有「大」字。奎本以下諸六臣合注本無此二十三字。「注曰：今江東人」十四字正在其中。謹案：《爾雅注疏・風雨疏》：「暴雨，謂之涷」注：「今江東呼夏月暴雨為涷雨。」亦無「大」字，宋・鄭樵《爾雅注・釋天》「暴雨謂之涑」注引郭注亦同。尤本獨衍，陳校所據當是尤本，誤矣。

氛旄容以天旋兮　善曰：《字林》曰：溶，水盛貌。今取盛意。

【陳校】

「氛旄容以天旋」。「容」，舊作「溶」。

【集說】

胡氏《箋證》曰：按：溶，動也。《楚辭・九章》「悲秋風之動溶兮」、《韓子・揚（権）［權］篇》「動之溶之」，溶，亦動也。《說文》：「搈，動搈也。」溶，與搈同。司馬相如《大人賦》「紛鴻溶而上厲」張揖注「鴻溶，竦踊也。」鴻溶、竦踊語之轉，皆謂動貌。本書《甘泉賦》「溶方皇於四清」，「溶」，亦當訓「動」，善彼注「溶，盛貌也」，同此。

許氏《筆記》曰：「旄容」。「容」，依注作「溶」。

【疏證】

諸《文選》本悉作「溶」，《後漢書》本傳同。謹案：善注引《字林》作「溶」，五臣亦作「溶」，良注可證。唯毛本文獨作「容」。許氏《筆記》依善注作「溶」，實同陳校。後胡與俞樾持議異於陳、許。後胡謂：溶，與搈，義並訓「動」，善注訓「盛」亦「同此」。今按二字並從「容」得聲，則二字宜可通。俞樾則就後胡援及之《韓非子・揚權》篇「動之溶之」外，復有『聽言之道，溶若甚醉』云云，因平議曰：「此溶字當為容。言其容有似乎醉也。……疑古本二溶字，皆止作容。一為『容貌』之容（溶若甚醉），一為『動容』之容（動之溶之）。傳寫增水旁，因失其義也。」俞說是也。「容貌字，古文作頌」、「容受（即善注之盛）字，古文作「宊」，並見徐鍇《繫傳》。據俞說，則「容」的係「溶」之古字，溶，係後起字。然則，毛本作「容」乃獨存古本原貌，《後漢書》、並五臣、陳、許未能知焉。

撫軨軹而還睨兮　善曰：《說文》又睨，邪視也。

【陳校】

注「又睨」。舊本「又」下有「曰」字。

【疏證】

奎本以下諸六臣合注本、尤本悉有「曰」字。謹案：觀善注上引《說文》

釋「軨」字，下文二引《楚辭》，復引作「又曰」，則此依例當有也。奎本等諸六臣合注本、尤本等皆可為陳校佐證。

左青琱以犍芝兮　善曰：《說文》曰：犍，豎也。

【陳校】

「左青琱以犍芝」。「犍」，舊作「揵」。

【集說】

姚氏《筆記》曰：「左青琱以犍芝」。以何改之。

【疏證】

五臣正德本、陳本同。贛本並注同。明州本、建本同，注並作「揵」。奎本、尤本並注作「揵」。謹案：《後漢書》本傳、《玉海》卷七十九引並作「揵」。《後漢書・馮衍傳》「揵六枳而為籬」章懷注：「揵，立也」，與善注「豎也」義同。考《說文・人部》：「僰。犍為蠻夷。」「犍為」字，漢碑從木。如《隸釋・司隸校尉楊孟文石門頌》「遷楗為武陽令」、又《車騎將軍馮緄碑》「故司隸校尉楗為武陽楊君，厥字孟文，深執忠伉」云云。並是其證。《玉篇・人部》「僰」引《說文》作「揵為蠻夷」，則從手。由此可推犍、楗、揵三字通。由上《文選》諸本之錯出，可見唐人亦通用。由注可見善作「犍」。而諸本無校語、五臣注亦無及，因無以定五臣與善有無異同。故此毛本好古之癖，陳校不必改也。

後委衡乎玄冥

【陳校】

「委」下，舊本有「水」字。范《書》無「後」字，五臣同。

【集說】

孫氏《考異》曰：「衡」上脫「水」字。

胡氏《考異》曰：袁本、茶陵本「衡」上有「水」字。袁校語云：善有「後」字，茶陵本校云：五臣無「後」字。陳云：「范《書》無後字。」案：《後漢書》有「水」字，尤誤脫去。

王氏《讀書志餘》曰：五臣本及《張衡傳》是也。昭二十九年《左傳》曰：「水正曰玄冥」，故曰：「委水衡乎玄冥」，言以水衡之職屬之元冥也。舊注云：「水衡，官名。」則正文內原有「水」字，明矣。六臣本作「後委水衡乎元冥」者，後人以上句有「前」字，故加「後」字以對之。「後委水衡乎元冥」，斯為不詞矣。今李善本作「後委衡乎玄冥」者，又校書者嫌其不詞而刪去一字也。乃不刪「後」字而刪「水」字，其謬益甚矣。

梁氏《旁證》曰：六臣本及《後漢書》「後委衡」並作「委水衡」。

胡氏《箋證》曰：五臣本作「委水衡乎玄冥」，《後漢書》同。王氏念孫曰：「五臣本是也。昭二十九年《左傳》：『水正曰玄冥』，故曰：委水衡乎玄冥。舊注云：『水衡，官名』，則正文內原有水字明矣。」紹煐按：「後」字是後人所加。傳寫者脫去「水」字，遂增一「後」字，以足其句。宜刪。

許氏《筆記》曰：「委衡」。「委」下，脫「水」字，嘉德案：袁、茶本有「水」字，《後書》亦有。

黃氏《平點》曰：據注及別本「衡」上有「水」字，《後漢書》同。

【疏證】

尤本同。五臣正德本及陳本、奎本以下諸六臣合注本並有「水」字。謹案：舊注云：「水衡，官名也。」善本自當有「水」字。五臣有「水」，濟注可證。毛本當誤從尤本脫，陳校當從《後漢書》、五臣本等正之。《楚辭集注・後語》亦有「水」字、無「後」字，後胡推測致譌之因：傳寫者脫「水」字，遂增「後」字以足句，實並從王氏《讀書志餘》耳。

屬箕伯以函風兮　善曰：《風俗通》曰：主簸物，能致風氣也。

【陳校】

注「主簸物」。「物」，舊作「揚」。

【集說】

胡氏《考異》曰：注「主簸物」。袁本、茶陵本「物」作「揚」。是也。

【疏證】

尤本同。奎本、贛本、建本並作「揚」，明州本作「楊」。謹案：《風俗通》，見《風伯》篇，正作「揚」，《北堂書鈔》卷一百五十一「箕星致風」注引同。「楊」與「揚」，古字通。尤本此形近而譌，毛本誤從之。六臣合注本可為陳校佐證。

懲澳沼而為清 舊注：懲，騰也。

【陳校】

「懲」，范《書》作「澂」。

【集說】

孫氏《考異》曰：「懲」，《後漢書》作「澂」。六臣本作「澄」。澂、澄字同。劉良注：「澳沼，混濁也。言函懷其風，以澄混濁之氣。」

胡氏《考異》曰：陳云：「懲，范《書》作澂。」袁、茶陵二本作「澄」，注同。案：蓋五臣作「澄」也，尤作「懲」，疑所見不同。舊注云：「懲，騰也。」未詳其義，恐未必是「澂」、「澄」字，今無以定之。

張氏《膠言》曰：「懲澳沼而為清。」舊注：「懲，騰也。」雲璈按：「《漢書》懲，作澂。澳沼，乃垢濁之名，當依《漢書》作澂。」

梁氏《旁證》曰：六臣本「懲」作「澄」。《後漢書》作「澂」。良注「涵懷其風以澄混濁之氣。」此作「懲」，恐誤。舊注「懲，騰也。」亦未詳其義。

姚氏《筆記》曰：「懲」，何改「澂」。

胡氏《箋證》曰：本當作「徵」。徵、澂古通。《易・損》釋文：「徵忿，劉作澂，清也。蜀作澄。」「澂」與「澄」亦通。《廣雅》：「澄，清也。」《集韻》：「澂」、「澄」同。此謂：「清澳沼而為清」也，舊注訓為「騰」，其義未詳。

許氏《筆記》曰：「懲」，《後漢書》作「澂」。《易》：「懲忿窒欲」釋文：「徵，鄭云：『清也。』劉作懲，蜀才作澄。」《西京賦》「集重陽之澂。」是懲、澂、徵、澄、瀓五字同。《說文》：「懲，㤂也」、「澂，清也」。徐（鉉）曰：「俗作澄，非是。並直陵切。徵，召也，陟陵切。」是《後漢書》作「澂」，為是。嘉德案：小徐《說文》「徵」下無「俗作澄，非是」之語。「禮運澄清」在下，其字作「澄」。段曰：「《方言》曰：『澂，清也。』然則澂、澄古今字也。」六臣本《賦》文「懲」作「澄」，胡曰：「舊注」云云。

【疏證】

贛本、尤本同。五臣正德本、陳本作「澄」。奎本作「澄」，無校語。引衡注：「澄，騰。」良曰：「言函懷其風以澄混濁之氣」。明州本、建本作「澄」，引衡注又改作「懲」（明州本誤作「懲」）。謹案：宋・吳棫《韻補》卷一「譻」字注引亦作「懲」。徵、澂、澄、懲、瀓五字皆通。二許及胡紹煐氏疊見徵證。

今按後胡引《易・損》，正文為：「君子以徵忿窒欲」，徵，《周易注疏》正文與疏皆作「懲」。《說文通訓定聲・升部》：「徵，叚借為懲。」明州本引衡注誤作「懲」，亦已透露出此信息。悉可為諸賢佐證。然字雖通，善與五臣用各有別：五臣作「澄」，良注可證。善本作「徵」，二胡先後發明，蓋惟奎本等脫校語耳。竊疑「懲」或本「徵」之音注，後人不察，誤為正文而反刪「徵」字。贛本踵之，尤本則從贛本耳。張氏、二許、後胡皆主從《後漢書》，陳、何改亦從《後漢書》，然仍未穩焉。後胡引「《易・損》釋文」云云，有誤，當以許援為準。謹又案：舊注「懲，騰也。」二胡、梁氏皆云「未詳其義」。今檢懲、騰韻並入《蒸部》；懲，澄聲，騰，定聲，聲紐亦同。懲同澄、瀓，並有使清之義，檢《龍龕手鑒・馬部》：「騰，虛也。」清翟灝《通俗編・雜字》：「俗以物自此移置於他，曰騰」（吳語至今猶沿用此義），則騰亦有「使空」、「使清」之義。然則，懲、騰二字，音義並同，故得相通。五臣良注「涵懷其風以澄混濁之氣。」以「以澄（即「使清」）」解「懲」，正得其義。如此說成立，則毛本從尤本等，陳校亦不必改焉。

浮蠛蠓而上征　善曰：《甘泉賦》曰：浮蠛蠓而撇天。《淮南子》曰：蠛蠓磑而雨。

【陳校】

「蠛蠓」。范《書》作「蔑蒙」，注云：「氣也」。

【集說】

梁氏《旁證》曰：《後漢書》「蠛蠓」作「蔑蒙」。注：「蔑蒙，氣也」。引《甘泉賦》亦作「蔑蒙」。

【疏證】

尤本同。五臣正德本、陳本作「矆矇」，奎本、明州本同，校云：善本作「蠛蠓」。贛本「蠛蠓」，校云：五臣作「矆矇」。謹案：《後漢書》本傳章懷注：「蔑蒙，氣也。」蔑蒙，或從虫作「蠛蠓」、或從目作「矆矇」，亦有省目作「薎蒙」者（如：注引《淮南子》，今本即作「薎蒙」。見下條）。蓋雙聲聯緜辭，不拘形變也。《說文新附》：「蠛，蠛蠓。細蟲也。从虫，蔑聲。」鈕樹玉《新附攷》：「《漢書・揚雄傳》：『浮蔑蠓而撇天』，注晉灼曰：『蠓，蚊也。』則古蔑字無虫旁」。王先謙《漢書補注》云：「案：《選》作『蠛蠓』，皆借字。」《爾雅・釋蟲》：「蠓，蠛蠓。」可證余說。其義或指蚊蟲、浮風、霧氣之類飄浮輕颺之物，上引章懷注、晉灼注，並其例；或謂飛揚，《漢書·司馬相如傳·大人賦》:「蕿蒙踊躍」注:「張揖曰：蕿蒙，飛揚也。」裴駰集解引《漢書音義》:「蔑蒙，飛揚也。」本條即用前義。五臣從目，向注可證；善本从虫，則善注引《甘泉賦》、《淮南子》已明，善與五臣用既有別，則陳校亦祇能廣異聞耳。毛本從尤本，不誤。

善曰:《淮南子》曰：蠛蠓磑而雨，春而風，言羣而上下。至埃曰。溢埃風而上征。

【陳校】

「至埃曰」，舊作「《楚辭》曰」。

【集說】

胡氏《考異》曰：注「《淮南子》曰」下至「至疾」，袁本、茶陵本無此十九字，有「《楚辭》」二字，屬下。是也。

【疏證】

尤本作「至疾曰」。奎本以下諸六臣合注本無此十九字，有「《楚辭》」二字。謹案:《淮南子》，見《修務》篇「蕿蒙踊躍」高注:「蕿蒙踊躍，明其疾也。」未見「磑而雨」至「上下」十一字。據高注，似「至疾（埃）」二字，當「其疾」之譌。「曰」上，六臣合注本別有「楚辭」二字，亦是。毛本當從尤本，陳校似從六臣合注本。

惟般逸之無斁兮　舊注：孔安國《尚書》傳注曰：斁，厭也。

【陳校】

「《尚書》傳注」。「注」字，衍。

【集說】

胡氏《考異》曰：注「孔安國《尚書》傳注曰」，袁本、茶陵本無此八字。

【疏證】

尤本衍同。奎本以下諸六臣合注本並無此八字。謹案:《尚書》傳，見《微子之命》篇「俾我有周無斁」句下。注字固「衍」。本書枚叔《七發》「萬歲無斁」注引「傳」下亦無「注」字。毛本當從尤本，陳校似無須披《尚書》，信手可正矣。

既防溢而靖志兮 善曰：《字林》曰：靖，清也。

【陳校】

注「靖，清也。」舊本「清」，作「立」。

【集說】

胡氏《考異》曰：注「《字林》曰：靖，立也」。袁本、茶陵本無此六字。

【疏證】

尤本作「立」。奎本以下諸六臣合注本並無此六字。謹案：《五音集韻·四靜》：「靖，立也。」尤本是。毛本當從尤本而復誤作「清」，靖，無「清」義。

出紫宮之肅肅兮 舊注：《天文志》曰：環衛十二星，藩臣，皆曰紫宮。

【陳校】

注「藩臣」下，舊本有「也」字。

【疏證】

尤本同。奎本以下諸六臣合注本有「也」字。謹案：《天文志》，見《漢書》，「臣」下無「也」字。《論語注疏·為政》「猶北辰之不移，而眾星共之」，《正義》引《漢書·天文志》、《後漢書》「放泰紫之圓方」章懷注引《史記·天官書》並作：「環之匡衛十二星，藩臣，皆曰紫宮」，並無「也」字。本書《西都賦》「紫宮是環」注引《漢書》，「也」字則在「宮」字下。竊疑本條或舊注依注釋行文文氣所加，善本因之。陳校或從六臣合注本補。毛本當從尤本。兩存可也。

建罔車之幕幕兮，獵青林之芒芒 善曰：罔車，畢星也。青林，天苑也。《河圖》曰：桐栢山上為掩畢，三危山上為天苑。

【陳校】

注「天苑也」。舊本「苑」下有「星」字。

【疏證】

奎本、明州本、尤本無。贛本、建本有「星」字。謹案：《後漢書》本傳章懷注亦無「星」字。今觀上下文並言星象，復檢《太平御覽》卷三十八引「《河圖》曰：『三危山在鳥鼠之西南，上為天苑星』」與善注下文「河圖」合，足證「天苑」，確係星名。然通觀善注全文，惟「畢」下必得有「星」字，其下二星「掩畢」、「天苑」並不見「星」字者，蓋並承此而省矣。因此，不得言奎本、尤本等脫，毛本從尤本不誤，此贛本擅加，建本誤踵之，陳校亦未悟也。本條，亦前胡漏錄、漏校者。

伐河鼓之磅硠　善曰：《爾雅》曰：河鼓謂之牽牛星為擔鼓。

【陳校】

注「星為擔鼓」。舊本「星」上有「今荊人呼牽牛」六字。

【疏證】

奎本以下諸六臣合注本、尤本悉有此六字。謹案：《爾雅》，見《釋樂》篇，「星」上正有「今荊人呼牽牛」六字，《北堂書鈔》卷一百五十「牽牛」注引同。毛本傳寫獨脫，陳校當從尤本等補之。

偃蹇夭矯，娩以連卷兮　舊注：《說文》曰：生子二人俱出為娩。《纂要》曰：齊人謂生子曰俛。善曰：夭嬌，自縱恣貌也。娩，跳也。娩，匹萬切。

【陳校】

注「齊人謂生子曰俛」。「俛」，舊本作「娩」。又，「夭嬌」，舊本作「夭矯」。

【集說】

孫氏《考異》曰：「娩」，《後漢書》作「嬔」。嚴氏元照曰：「《說文．兔部》有娩字，云：『兔子也。娩疾也。』張《賦》當是『娩』字。」

胡氏《考異》曰：注「《說文》曰」下至「為娩」。袁本、茶陵本無此十一字。

梁氏《旁證》曰：注《說文》曰：「生子，二人俱出為娩。」《後漢書》「娩」，作「嬔」……按：此注尤本增多，已見胡公《考異》。今證以《後漢書》注，本非《說文》，亦非舊注也。

朱氏《集釋》曰：舊注引「《說文》曰：生子二人俱出為娩。」案：今《說文．女部》「嬔」字云：「生子齊均也。」蓋謂生子多而齊一也。又《兔部》「娩」字云：「兔子也。」《爾雅》：「兔子。嬔」，《類聚》引作「娩」，則「嬔」

為借字，因之二字混淆。然按諸此處文義，則二者皆不合。惟《說文》(娩)下又云:「兔疾也。」兔之走最迅速，故訓「娩」為疾。善注云:「娩，跳也」，不知何本。然《史記・荊燕世家》:「遂跳驅至長安」《索隱》云:「跳，謂疾去也」，正與「娩」訓「疾」同。當從此義，蓋李氏固以此注為非也。

胡氏《箋證》曰：此本舊注上有「《說文》曰：生子，二人俱出為娩」十一字，疑出後人所增，六臣本無。「娩」，當讀如「婉娩」之「娩」。「娩」與「婉」音義並通，故書中「蜿」字亦作「寃」。

許氏《筆記》曰:「娩以連卷」注引《說文》曰:「生子，二人俱出為娩。」案:《說文》:「娩，兔子也」;「娩，疾也」。从女、兔，在《兔部》。芳萬切。「嬎，生子齊均也。从女、从生，免聲。芳萬切。」在《女部》。今注所引乃別自一書，非《說文》也。自注:《後書》作嬔，音孚萬切。嘉德案:《說文》有娩無娩。《集韻》:「娩，音晚，媚也，順也，一曰生也。」《玉篇》:「娩，無遠、亡辯二切」，亦無「生子，二人俱出為娩」之語。「挽」下曰:「子免，生子(免生)[子免身]也。」小徐曰:「《說文》無免字，疑挽字从嬎省。以『免(生)[身]』之義，通用為『解免』之免。」反復推尋，《說文》既無「从免」之娩，字書又無「生子，二人俱出為娩」之文，注引莫審何書，或《說文》原有娩字說解如此，今本脫之?

黃氏《平點》曰:《說文》:「娩疾也。」「娩」，當從「兔」。

【疏證】

奎本以下諸六臣合注本、尤本悉作「娩」、「夭矯」。謹案：字當作「娩」，「嬎」與「娩」，一聲之轉，故可通借。孫引嚴說、朱氏說皆是。《說文・兔部》:「娩，兔子也。」段注:「《釋獸》曰：兔子。娩，本或作嬎。」皆可證朱氏「嬎為娩之借字」之說。《集韻・遇韻》云:「嬎，兔子也。或省。」作「娩」者，似由此「嬎」省而來，致與「分娩」字混，俗寫遂不加分辨耳。然則，陳校尚非。《說文》無「娩」字，梁氏《旁證》曰:「此注尤本增多，今證以《後漢書》注，本非《說文》，亦非舊注也」，後胡亦云:「『《說文》曰：生子，二人俱出為娩』十一字，疑出後人所增」，兩家說極是。二許主「注所引乃別自一書」，終非舊注，亦得。嘉德引小徐說，兩「生」字，乃「身」之譌，已正之。關於「夭矯」與「夭嬌」。「夭矯」，一作「夭蟜」，如本書《羽獵賦》:「踔夭蟜，娭澗門」便是。考嬌與矯、蟜，並由「喬」得聲，故字得通，況「夭矯」本是疊韻聯緜辭，故毛本作「夭嬌」，當有其來歷。明・徐宏祖《徐霞客遊記》卷三上「六月初十日」云:「龕外洞頂,亦復龍形,夭嬌,仍出洞底」;卷三下「七月二十七日」云:「洞頂垂石夭嬌,交龍舞螭,繽紛不一」,二作「夭嬌」,可為旁證。

緘汩飂淚,沛以罔象兮

【陳校】

(沛以罔象兮)下,舊本有「爛漭麗靡,藐以迭逷」二句,並注善曰:「皆疾貌,罔象即仿像也。《楚辭》曰:沛罔象而自浮。緘,一六切,飂,力凋切,淚音戾」三十一字。

【集說】

余氏《音義》曰:「緘汩飂淚,沛以罔象兮」。何曰:「善曰:『皆疾貌……淚音戾。』」又,「逷,音唐。」(余氏)又曰:何下增「分布遠馳之貌。善曰:爛漫,分散貌。藐,遠貌。迭,過也」十九字。

孫氏《考異》曰:「爛漭麗靡,藐以迭逷」。一本脫此二句。

梁氏《旁證》曰:毛本此下脫「爛漭麗靡,藐以迭逷」八字。

許氏《筆記》曰:「緘汩」二句下脫「善曰:皆疾貌,罔象即仿象也。』《楚辭》曰:沛罔象而自浮。緘,一六切,汩,于筆切,飂,力凋切,淚音戾」三十五字,今補。又曰:「爛漫」二句下脫注:「分布遠馳之貌。善曰:爛漫,分散貌。藐,遠貌。迭,過也」十九字。今補。

【疏證】

奎本以下諸六臣合注本、尤本下有本條三十一字注,並有「爛漭麗靡,藐以迭遏」及其注。五臣正德本、陳本有「爛漭麗靡,藐以迭逷」二句。謹案:《後漢書》有「爛漫麗靡」二句,宋・吳棫《韻補・十陽》「逷」字注引同。陳、何校當據《後漢書》、六臣合注本、尤本等補。孫氏所用底本為康熙錢士謐本,此所謂「一本」,即汲古毛氏初刻本,證之梁校,亦可明。

踰庬鴻於宕冥兮

舊注:庬鴻、岩冥,皆天之高氣也。善曰:《孝經援神契》曰:天度庬鴻。

【陳校】

「鴻」,范《書》作「澒」,注同。

【集說】

梁氏《旁證》曰：六臣本「庬」作「濛」。《後漢書》「鴻」作「澒」。

【疏證】

諸《文選》本咸作「鴻」，奎本以下諸六臣合注本、尤本注並同。謹案：五臣作「濛鴻」，良注可證。善本作「庬鴻」。善注已明言。《後漢書》本傳作「庬澒」，章懷注引《孝經・援神契》作「天度濛澒」，宋均注同。而檢明・梅鼎祚編《東漢文紀・張衡集・靈憲》：「道志之言云：『有物渾成，先天地生。其氣體固未可得而形，其遲速固未可得而紀也。如是者又永久焉，斯謂龐鴻。』」是張衡亦用「鴻」字。此處偶誤也，陳校偶未深究。毛本當從尤本等。

悲離居之勞心兮　善曰：《毛詩》曰：勞心悁悁。

【陳校】

注「勞心悁悁」。「勞」，舊本作「中」。

【疏證】

奎本以下諸六臣合注本、尤本並注同。謹案：《毛詩》，見《陳風・澤陂》，字作「中」，《周禮注疏卷・冬官考工記下》疏引《詩》，亦作「中」。本書《洞簫賦》「哀悁悁之可懷」、《雜體詩三十首・謝法曹惠連》「無陳心悁勞」注引《毛詩》亦並作「中」。是李善固作「中」。而《後漢書》本傳章懷注「《詩・國風》曰：『勞心悁悁也。』」檢《楚辭章句・九歎・惜賢》有「勞心悁悁」句，章懷或涉正文、或因《楚辭》傳寫誤歟？抑或二李所見《毛詩》或本有作「勞」者歟？疑不能明。本條毛本作「勞」者，當從尤本等。

風眇眇震余旟

【陳校】

「眇」下脫「兮」字。

【疏證】

諸《文選》本咸有「兮」字。謹案：《後漢書》本傳有「兮」字。但據上下文，可證自當有「兮」字。此毛本獨傳寫誤脫，陳校當據上下文、尤本等補之。

儵眩眃兮反常閭　舊注：《蒼頡篇》曰：眩眩，目視不明貌。善曰：眩，音懸。眃，音云。

【陳校】

「儵眩眃兮反常閭。」〔注〕下「眩」字，舊作「眃」。

【集說】

孫氏《考異》曰：「儵眩眃兮反常閭。」「眩眃」，誤作「眩眩」。

梁氏《旁證》曰：注「《蒼頡篇》曰：眩眃，目視不明貌」。毛本注「眩眃」誤作「眩眩」。《說文繫傳》亦引作「眩眩」。近孫氏星衍所輯《蒼頡篇》作「眴眴，目視不明貌。」蓋亦誤以「眩眃」為「眩眩」，又轉為「眴眴」也。「眴」與「眃」古字通。

胡氏《箋證》曰：《旁證》云「《蒼頡篇》曰：眩眃」云云。紹煐按：舊注作「眩眩」，楚金所據本不誤。六臣本注無「眃，音云」三字，而正文作「眩眃（下字從蔣本改）」，蓋出後人所改。「眃」字，《篇》、《韻》皆不見，《集韻》始收之。云「眩眃（下字從蔣本改），視不明也」，是丁度時已誤作「眩眃」矣。「眩眩」，疾也，猶儵忽也。此謂「儵忽而反常閭」也。《管子・小問篇》「苗始其小也，眴眴乎何其孺子也」，亦謂儵忽而成大也。「眴眴」即「眩眩」，《素問・五常政大論》注「眩，旋轉也」，旋轉，亦疾也。作「眩眃（下字蔣本亦誤眩），與義無取。

【疏證】

奎本正文「眩眃」，舊注「眩眃，目視不明貌」，上無「《蒼頡篇》曰」四字，亦無「眃，音云」三字，明州本善注有「眃，音云」三字，餘同奎本。贛本、建本舊注「眩眩」，餘同奎本。尤本同明州本，且有「《蒼頡篇》曰」四字。謹案：《後漢書》本傳亦誤「眩眃」。然《說文繫傳・通釋・目》：「眩，目無常主也。從目，玄聲。臣鍇曰：目眩眩也。」《古今韻會舉要》卷六「眩」引同。是文並注皆當作「眩眩」，孫、梁說並非，後胡說最得其實。贛本惟正文誤「眃」，舊注近是。毛本舊注「眩眩」，不誤，其餘則並誤從尤本。尤本之誤及衍，可當陳校所謂「舊本」，陳不能正其誤，反以為是，誤亦甚矣。五臣濟注云：「儵眩眃疾貌。」是首譌為「眃」字之證；及檢五臣正德本及陳本文「眃誤刻從日」下並有音注「云」字，上二點或亦尤本誤取以亂善者耳。

默無為以凝志兮，與仁義乎逍遙　善曰：《楚辭》曰：超無為以至情。《上林賦》曰：馳為乎仁義之塗。

【陳校】

注「超無為以至情」、「馳為乎仁義」。「至情」，舊本作「志清」、「馳為」，舊本作「馳鶩」。

【疏證】

奎本、明州本、尤本、建本作「志清」、「馳鶩」。贛本作「至清」、「馳鶩」。謹案：《楚辭》，見《遠遊》篇，作「至清」，《補注》、《集注》並同。據王逸注：「登天庭也」，則作「至清」為得。奎本等誤「志」者，蓋音近而誤。毛本不誤。《上林賦》載在本書正作「鶩」，《漢書·司馬相如傳》同。毛本獨誤「為」，則由形近，陳校當據《楚辭》、尤本等正之。

系曰　舊注：言繫賦之前意也。

【陳校】

注「言繫賦之前意也。」「言」，舊本作「重」、「賦」上有「一」字。

【集說】

胡氏《考異》曰：注「言繫一賦之前意也。」袁本無「言」字、「前」字。茶陵本「言」作「重」。

【疏證】

尤本作「言」、有「一」。奎本作「繫一賦之意也」，蓋袁本所宗祖。明州本作：「翰曰：重繫一賦之意，衡注同」。贛本作「重繫賦之意也」。建本作：「重繫一賦之意也」，謹案：據「翰曰」，知五臣實出舊注，建本亦同舊注，皆是。作「言」者，蓋形近而誤。「系」有「繼承」義，故陳校所據本作「重」是，而保留「前」字，則非。

願得遠渡以自娛　善曰：《楚辭》曰：遠渡世以忘歸。

【陳校】

「渡」，舊本作「度」。注同。

【集說】

顧按：「度」，是五臣本。

胡氏《考異》曰：注「遠度世以忘歸。」袁本、茶陵本「度」作「渡」。案：二本正文校語云善「渡」、五臣「度」。《後漢書》作「度」。或「渡」字傳寫誤，未必是也。

梁氏《旁證》曰：六臣本及《[後] 漢書》「渡」作「度」。

許氏《筆記》曰：「渡」，何改「度」。嘉德案：茶、袁本作「渡」，注同，云：善作「渡」。非也。《後漢書》作「度」，與善同。「渡」，傳寫之誤。

【疏證】

尤本同。五臣正德本、陳本作「度」，奎本、明州本同，校云：善本作「渡」。贛本、建本作「渡」，校云：五臣作「度」。謹案：《楚辭》，見《遠遊》篇作「度」字，《後漢書》本傳同。本書謝靈運《永初三年七月十六日之郡初發都》「持此謝遠度」注引本賦並作「度」。可證善本亦作「度」，注同。嘉德以「渡」字係傳寫誤，是也。尤本正文乃從六臣合注本校語擅改，致與注不相應。毛本則誤從尤本，注亦改從水，誤甚，陳校是也。

結精遠遊使心攜　善曰：《公羊傳》曰：攜其妻子。曰離曰攜，猶提將也。

【陳校】

注「曰離」。舊本作「何休」。

【集說】

胡氏《考異》曰：「《公羊傳》曰」下至「猶提將也」，袁本、茶陵本無此十六字。

【疏證】

「曰離」，尤本作「何休」。奎本以下諸六臣合注本並無此十六字。謹案：《公羊傳》，見《襄公二十七年》「將濟于河，攜其妻子」注：「攜，猶提也。」本書謝惠連《擣衣詩》「端飾相招攜」注引作「何休《公羊傳》注曰：攜，提將也」，最是。然則，「曰離曰」，改作「何休曰」，尚非善注本來面目，當從本書內證方妥。

迴志朅來從玄諆

【陳校】

「諆」，舊作「謀」。

【集說】

余氏《音義》曰：「謀」，《後漢》作「諆」，注：「音基」。

孫氏《考異》曰：何云：「謀，宋本作諆，音基。」志祖按：《後漢書》亦作「諆」，於韻為叶。

胡氏《考異》曰：何校「謀」改「諆」，云「《後漢書》作諆。」今案：章懷注云：「諆，或作謀。」善不注。此字未必作「諆」，且「謀」字自協，當依其舊。陳云「別本作諆。」今未見，必誤涉《後漢書》耳。

梁氏《旁證》曰：《後漢書》「謀」作「諆」。注云：「諆，或作謀。」

徐氏《糾何》曰：何改「謀」為「諆」。案：《後漢書》作「諆」者，章懷太子誤改之耳。今考「謀」字，古作「謨希切」。如《荀子》：「聖知不用愚者謀，前車已覆後未知」、賈傅《服鳥賦》：「天不可預慮兮，道不可預謀；遲速有命兮，焉識其時」，皆是也。證之《毛詩・泉水》之「謀」，與「淇」、「思」韻，《氓》之「謀」，與「蚩」、「絲」韻，《皇皇者華》，以「謀」韻「騏」、「絲」，《十月之交》，以「謀」韻「時」。謀字自叶，不必改。

許氏《筆記》曰：「謀」，何改「諆」。案：《後漢書》作「諆」，音基。此章懷不識「謀」字之音，改為「諆」耳。《說文》：「諆，欺也，從言其聲，去其切」，此所用也。顧亭林謂：「《詩》《泉水》、《氓》、《皇皇者華》、《十月之交》諸篇『謀』字，皆讀如『媒』，《服鳥賦》以『謀』與『時』為韻，《哀時命》以『謀』與『茲』為韻也」。

黃氏《平點》曰：《後漢書》「謀」作「諆」。

【疏證】

諸《文選》本悉同。謹案：魏晉以來俗寫，「其」與「某」多同，作「𣐈」。敦博 010《比丘受戒文》：「授我為某」、「我字某」、「我和上為某從僧」。（《敦煌俗字典》，281 頁）敦研 151《道行般若經》：「其處無穀，有虎狼。」《敦煌俗字典》，第 313 頁並是其驗。唐人已不能辨，故而「言𣐈」，或作「謀」，或作「諆」。李賢遂誤作「諆」，又妄釋云：「諆，亦謀也，音基，字從其」云。前胡、徐、許三家說皆是。前胡於陳校所謂「舊本」，因多有「今未見」例，故改稱「別本」，本條則斷言：「必誤涉《後漢書》耳」，是明言他書矣。

歸田賦一首　張平子

感蔡子之慷慨　注：《史記》曰：（澤）謂御者曰：吾持粱刺齒肥，躍疾驅，……食肉富貴，四十一年足矣。……為秦相。

【陳校】

注「躍疾驅」。「躍」下，脱「馬」字。又：「四十一年」，「一」，當作「三」。

【集說】

胡氏《考異》曰：注「謂御者曰」下至「為秦相」，袁本、茶陵本無此六十一字。

【疏證】

尤本脱同、作「一」。奎本以下諸六臣合注本並無此六十一字。謹案：五臣正德本良注情節略同「此六十一字」，有「馬」字、作「四十二年」。奎本良注同正德本「躍」下有「馬」字，然作「四十三年」。自明州本省作「良同善注」，贛本誤踵之，至建本則並去此四字矣。《史記》，見《蔡澤列傳》，正有「馬」字、作「四十三年」，《白孔六帖》卷三十一「躍馬肉食」注引同。毛本當誤從尤本，陳校當據《史記》等正之。本條可見，尤本善注，其有與六臣合注本異同者，多少亦有別本依據。本條與良注雖同少異多，亦可佐證。

於是仲春令月　注：龍禮曰：令月吉日。

【陳校】

注「龍禮曰」。「龍」，舊本作「儀」。

【集說】

許氏《筆記》曰：「令月」注「龍禮」。當作「《儀禮》」。

【疏證】

奎本以下諸六臣本、尤本悉作「儀」。謹案：檢《儀禮注疏・士冠禮》「令月吉日」鄭氏注：「令、吉，皆善也」。此當善注所出。毛本傳寫偶誤，陳校當從《儀禮》、尤本等正之。

懸淵沈之�鰡　注：《列子》曰：引盈車之魚於百仞之凋。

【陳校】

注「百仞之凋」。「凋」，舊作「淵」。

【集說】

余氏《音義》曰：「之凋」，「凋」，何改「淵」。

【疏證】

奎本以下諸六臣合注本、尤本悉作「淵」。謹案：語見《列子・湯問》字正作「淵」。本書左太沖《吳都賦》「術兼詹公」善注引亦作「淵」，魏氏編《五百家注昌黎文集・叉魚招張功曹》「盈車欺故事」注引同。毛本獨因形近而誤，陳、何校當從尤本等正之。

係以望舒

【陳校】

「係」，五臣作「繼」。

【集說】

梁氏《旁證》曰：六臣本「係」作「繼」。

【疏證】

尤本同。五臣正德本、陳本作「繼」。奎本以下諸六臣合注本並同，校云：善作「係」。謹案：「係」，即「繼」。《爾雅・釋詁》：「係，繼也。」《後漢書・孝安帝紀》：「親德係後，莫宜於祐」章懷注：「係，即繼也」。善與五臣，用各有異，陳校不必以五臣亂善，毛本當從尤本，不誤。

極盤遊之至樂　注：《尚書》曰：盤游無渡。

【陳校】

注「盤游無渡。」「渡」，「度」誤。

【疏證】

奎本以下諸六臣合注本、尤本悉作「度」。謹案：《尚書》，見《五子之歌》篇，正作「度」字。本書東廣微《補亡詩・南陔》「罔或游盤」注引亦作「度」。度，法度也。渡，無「法度」義。此毛本獨因音近而誤，陳校或以《尚書》、尤本等正之。

彈五絃之妙指　注：鄭玄注曰：南風……《毛詩》曰：南風之薰兮……可以解吾民之慍兮。

【陳校】

注「《毛詩》曰」。「《毛詩》」，舊本作「其歌」。

【集說】

胡氏《考異》曰：注「鄭玄注曰」下至「可以解吾民之慍兮」。袁本、茶陵本無此二十七字。

許氏《筆記》曰：「五絃」注「其歌曰」，六臣本作「《家語》曰」。

【疏證】

尤本同。奎本以下諸六臣合注本並無此二十七字。謹案：《孔子家語》云：「舜造南風之詩其詩曰」。本書《琴賦》題下注引《尸子》曰「以歌《南風》」、任彥昇《奉答敕示七夕詩啟》「寧足以繼想南風」注引「《家語》曰：造《南風》之詩。其詩曰」。《後漢書・仲長統傳》：「彈《南風》之雅」章懷注亦引《家語》作「造《南風》之詩曰」。《藝文類聚》卷四十三作「歌曰」、《太平御覽》卷九引《帝王世紀》作「歌南風曰」、卷五百七十一同引《世紀》「作歌南風之詩，詩曰」、卷五百九十二引《家語》「造《南風》之曲，其辭曰」言各不同，然從本書善注考慮，當以改作「其詩」為得。毛本誤作「毛詩」者，當涉上「鄭玄注」而譌。

文選卷十六

閒居賦一首　潘安仁

而良史書之以巧宦之目

【陳校】

「書之以巧宦之目。」「書之」下，舊本有「題」字。

【集說】

余氏《音義》曰：「書之」。六臣「書」作「題」。

孫氏《考異》曰：「書」，五臣作「題」。《晉書》「書」之下，有「題」字。

胡氏《考異》曰：「而良史書之，題以巧宦之目。」袁本、茶陵本「書之題」三字，作「題之」二字，「題」下校語云：善作「書」。《晉書》作「書之題」，蓋尤延之依彼改也。

梁氏《旁證》曰：「而良吏書之，以巧宦之目。」六臣本「書」作「題」。尤本及《晉書．潘岳傳》「書」之下並有「題」字，則分為二句矣。

姚氏《筆記》曰：按：「以」上，失「題」字。

黃氏《平點》曰：「題以巧宦之目」句。「題」字當羨，《晉書》亦然。

【疏證】

尤本作「書之題」字。五臣正德本、陳本「書之題」三字作「題之」二字，奎本以下諸六臣合注本同，「題」下校云：善作「書」。謹案：《晉書》作

「書之題」，《藝文類聚》卷六十四、《太平御覽》卷六百十六、《古今事文類聚》續集卷六及別集卷十九引並同。陳校是，其所據本與尤本、《晉書》及《藝文類聚》等同。此亦前胡稱袁、茶而省去陳校例。

巧誠有之　注：言誠有巧者之理。

【陳校】

注「者」，舊本作「宦」。

【集說】

胡氏《考異》曰：注「言誠有巧者之理，拙固有之」。袁本、茶陵本無此十一字。

【疏證】

尤本正作「宦」。奎本以下諸六臣合注本並無此十一字。謹案：毛本因形近而誤，陳校正之，似據尤本系統本。

則必立功立事　注：延篴與張奐書曰：烈士殉名。

【陳校】

注「延篴」。「篴」，舊本作「篤」。

【疏證】

奎本以下諸六臣合注本、尤本悉作「篤」。謹案：本書丘希範《與陳伯之書》「立功立事」注引正作「延篤」。明．梅鼎祚《東漢文紀》卷十八《延篤答張奐書》注云：「《選》注引《與奐書》云：烈士殉名，立功立事也」。此毛本偶誤，陳校從尤本等正之。

修辭立誠以居業　注：《周易》又曰：修辭立誠，所以居業也。

【陳校】

注「立」下，脫「其」字。

【疏證】

奎本、尤本脫同。明州本、贛本、建本有「其」字。謹案：語見《周易注疏．乾》，正有「其」字。毛本當從尤本，陳校或據《周易》、建本等正之。此亦前胡漏錄漏校者。

尚書郎廷尉平　注：臧榮緒《晉書》曰：岳既宰二邑，推補尚書郎。

【陳校】

注「岳既宰二邑，推補尚書郎。」「既」，舊本作「頻」、「推」作「調」。

【集說】

余氏《音義》曰：「既宰」、「推補」，「既」改「頻」、「推」改「調」。案：善注引臧榮緒《書》，何從唐文皇《書》改「頻」、「調」。

【疏證】

奎本、尤本正作「頻」、「調」。明州本、贛本、建本皆脫「臧榮緒」下至「免官」二十九字。謹案：今本《晉書》本傳亦作「頻」、「調」。陳、何校是。本書潘安仁《河陽縣作》：「猥荷公叔舉」注：「太尉舉為郎，已見《閑居賦》。」贛本引「臧榮緒《晉書》曰：（賈充）舉為秀才，領宰二邑。勤於政績，調補尚書郎。」作「領」、「調」。「領」字較「既」、「頻」二字於義為長。毛本二字並誤，陳校所據「舊本」，與奎、尤二本同。

府主誅。除名為民。

【陳校】

《晉書》無「主」字。

【集說】

余氏《音義》曰：何曰：「《晉書》無主字。非」。

孫氏《考異》同余氏《音義》。

梁氏《旁證》曰：《晉書》無「主」字。何曰：「無者，非也」。

胡氏《箋證》曰：《旁證》云「《晉書》無主字」云云。紹煐按：何說誤。上云「所奉之主即太宰魯公其人」，此云「府誅」正指楊駿言，不得有「主」字。下「一除名」，善注：「一除名，謂太傅主簿，府誅，除名為民。」正複舉此文，則本無「主」字明矣。《御覽》六百五十一引此賦「府誅」無「主」字，亦可證。

【疏證】

諸《文選》本悉同。謹案：《太平御覽》卷六百五十一同《晉書》。「主」字不當有，後胡從本篇內證辨之甚審。何校、梁氏並非。毛本當誤從尤本等，陳校羅列異聞，實亦未能正《選》及何校之失。

八徙官而一進階，再免，一除名　注：八徙官，謂……，一除名，謂太府主簿，府誅，除名為民也。……輒去官也。

【陳校】

注「府誅」。「府」下，舊本有「主」字。

【集說】

胡氏《考異》曰：注「八徙官」下至「輒去官也」，袁本、茶陵本無此六十四字。

【疏證】

尤本無「主」字。奎本以下諸六臣合注本並無此六十四字。謹案：有「主」字者，非。參上條後胡說。本條尤本不誤者，蓋因上條誤改正文，未顧及改此注耳。毛本從尤本，不誤。未知陳校所謂「舊本」何指。

百工惟時　注：《尚書》曰：百工惟時。孔安國曰：百工是言，皆在於是。

【陳校】

注「百工是言，皆在於是。」舊本作「百工皆是，言政無（小）〔非〕」。

【集說】

余氏《音義》曰：「是言皆在於是」。何改「皆是言政無非」。

胡氏《考異》曰：「孔安國曰」下至「言政無非」。袁本、茶陵本無此十二字。

梁氏《旁證》曰：注「百工是言皆於是」。尤本作「百工皆是，言政無非」八字。

姚氏《筆記》曰：「百工是言，皆在於是」。範校改「百工皆是，言政無非」。

【疏證】

尤本作「皆是，言政無非」。奎本以下諸六臣合注本悉無「孔安國」以下十二字。謹案：語見《尚書注疏・皋陶謨》傳，字正作「百官皆是，言政無非。」《太平御覽》卷二百三「百工惟時」注作「百官皆是，言政毋非。」陳、何校或據《尚書》及尤本系統本。毛本乃以五臣向注塞白，又有衍奪，大謬。周鈔迻錄「無非」譌作「無小」。已正之。

以供朝夕之膳 注：《說文》曰：善，具食也。

【陳校】

注「善，具食也。」「善」，舊本作「膳」。

【集說】

余氏《音義》曰：「善具」。「善」，何改「膳」。

【疏證】

奎本以下諸六臣合注本、尤本悉作「膳」。謹案：「善」，與「膳」通。《說文・肉部》「具食也」下云：「鄭注《周禮》膳夫曰：「膳之言善也。」《古今韻會舉要》卷二十二：「膳，亦作善。《莊子・至樂》：具大牢以為善。」黃公紹見《莊子》「善」，今本作「膳」，皆其證。然《說文・肉部》「具食也」下續有「从肉善聲」云云，「善聲」二字足證所釋之字，必是非「善」，而為「膳」也。《繫傳》臣鍇曰：「具食者，言具備此食也。《周禮》：『掌王世子后之膳。』」亦用「膳」字。毛本當傳寫而誤，陳、何當據尤本、六臣合注本等改，是也。

友于兄弟 注：《論語》：或謂孔子曰：……奚其為為政？包氏（咸）曰：孝乎惟孝，美大孝之辭也。友于兄弟。施，行也。……即與為政同也。

【陳校】

注「施，行也。」舊本「施」上有「善於兄弟也」。

【集說】

胡氏《考異》曰：注「奚其為為政」下至「即與為政同也」。袁本、茶陵本無此四十一字。

姚氏《筆記》曰：注「友於兄弟」下，落「善於兄弟」四字。

【疏證】

尤本有「善於兄弟也」五字。奎本以下諸六臣合注本並無此四十一字。謹案：語見《論語集解義疏・為政第二疏》，正有「善於兄弟也。」毛本從尤本而脫五字，陳校補之是。尤本及《論語集解義疏》等，皆可當陳所謂「舊本」。

傲墳素之場圃

【陳校】

「傲」,《晉書》作「遨」。為是。

【集說】

孫氏《考異》曰:「傲」。《晉書》作「遨」。

胡氏《考異》曰:「傲墳素之場圃。」陳曰云云。袁本、茶陵本「場」作「長」,《晉書》作「長」。案:二本所載五臣銑注云:「以為長圃嘯傲其中矣」,是其本作「傲」字、「長」字,善注未有明文,無以考也。

梁氏《旁證》曰:《晉書》「傲」作「遨」、「場」作「長」。五臣亦作「長」,銑注可證。

許氏《筆記》曰:《晉書》作「遨」。案:《說文》:「傲,倨也。从人敖聲。捂到切。」《放部》:「敖,出游也」,《出部》云:「敖,游也」,並从出、从放,五牢切。《復古》云:「別作遨,非。」嘉德案:《晉書》作「遨」者,乃遨游之意,《說文》但作「敖」。古「敖游」字祗作「敖」,不加「辵」。《北風》「以敖以游」,敖、游同義,即今之遨字也。敖从「放」者,取放浪之意,古又多假敖為「倨傲」字。然敖可假傲,而傲與遨,其義迥殊。胡氏云:「陳云:《晉書》為是。」嘉德又案:嘯傲、游遨,義各有取,而李無注釋,莫識善本所作何字也。檢六臣本皆作「傲」,竊以賦文或作「敖」字,乃與《晉書》同義。一从古字,一从後字。

【疏證】

尤本同。五臣正德本及陳本、奎本以下諸六臣合注本並作「傲」、「長」。謹案:《記纂淵海》卷四十四作「傲」。《晉書》本傳作「遨」。五臣作「傲」,銑注可證。傲與遨並從敖得聲,其義並有「遊藝」義,字當可通。檢《集韻·豪韻》:「敖、敖、遨、傲。牛刀切。《說文》:『出游也。』一曰傲也。隸作敖,或作遨、傲。」《五音集韻·豪韻》:「口空脫一字、傲、遨,五勞切。游也。《說文》作敖,或作遨。」《尚書·益稷》「惟傲虐是作」孔傳:「傲戲而為虐」。《詩·小雅·鹿鳴》:「我有旨酒,嘉賓式燕以敖。」毛《傳》:「敖,遊也。」並是傲、遨、敖三字並音、義(游)相同之證,字故得相通矣。毛本從尤本不誤,陳校亦不必改從《晉書》矣。

身齊逸民　注：《論語》子曰：逸民伯夷、叔齊、虞仲、夷逸、朱張、柳下惠、少連。注：逸民者，節行超逸也。《禮記・王制》：祿爵：公侯伯子男，凡五等。

【陳校】

注，舊本無「《禮記・王制》：祿爵：公侯伯子男，凡五等」十四字。

【集說】

胡氏《考異》曰：注「虞仲夷逸」下至「子男凡五等」，袁本、茶陵本無此三十四字。何、陳校但去「《禮記》」至「凡五等」十四字。未是。

姚氏《筆記》曰：「身齊逸民」注，滅「《禮記・王制》」十四字。

【疏證】

尤本同。奎本以下諸六臣合注本並無「禮記」至「凡五等」十四字。謹案：《論語》，見《微子》篇。《禮記》，見《王制》篇，「《禮記・王制》」十四字與下文「名綴下士」注引「《禮記》曰：諸侯之上大夫卿、下大夫、上士、中士、下士，凡五等」語重，故亦當刪去，前胡《考異》說是也。陳、何校漏刪，許氏誤同。毛本誤從尤本。

其東則有明堂辟廱　注：《三輔黃圖》：大司旋宮奏曰。

【陳校】

注「大司旋」。「旋」，舊本作「徒」。

【疏證】

奎本以下諸六臣合注本、尤本悉作「徒」。謹案：《玉海》卷一百十二注引作「徒」。毛本獨因形近而誤，陳校正之。彼所謂「舊本」，奎本以下諸六臣合注本及尤本並可當之。

環林縈映，圓海迴淵　注：仲長昌言曰……《白虎通》曰：天子立辟雍者，所以行禮樂。辟廱，象壁圓，以詩云廱名，擁之以水，象教化流行也。班固《東都賦》曰：曷若辟廱海流。

【陳校】

注「仲長」下，脫「統」字。「辟廱象璧圓以詩云廱名」。舊本兩「廱」字並作「者」、「詩云」作「法天」。

【集說】

胡本《考異》曰：注「仲長昌言」下至「曷若辟廱海流」。袁本、茶陵本無此六十三字。

余氏《音義》曰：「仲長昌」。「長」下，何增「統」字。

梁氏《旁證》曰：何校「長」下添「統」字。

【疏證】

尤本脫「統」字、上「廱」字作「者」、「廱名」作「廱者」、「詩云」作「法天」。奎本以下六臣合注本並無此六十三字。謹案：毛本脫「統」字，當誤從尤本，陳校補之，是。按班固《白虎通義・德論上》：「天子立辟雍何？所以行禮樂，宣德化也。辟者，璧也。象璧圓，又以法天於雍水側，象教化流行也。」《後漢書・祭祀志》「辟雍」，章懷注引作：「辟者，象璧圓以法天也；雍者，壅之以水，象教化流行也。」班書雖詳，然李善為節取，故以章懷注，跡近李善原貌。若準以章懷，則尤本改「詩云」為「法天」後，「廱名」二字當改作「也廱者」三字也。陳校「舊本」，此處必為尤本，故亦不能確正之矣。《藝文類聚》卷三十八、《太平御覽》卷五百三十四亦引《白虎通》，亦有譌脫，不論。

天子有事於柴燎　注：《爾雅》曰：祭天曰燔柴。

【陳校】

舊本「柴」作「祡」。注同。

【集說】

顧按：「柴」，即「祡」字。

【疏證】

諸《文選》本咸作「柴」。奎本等諸六臣合注本、尤本並注同。謹案：善本作「柴」，善注可明。五臣亦作「柴」，向注可證。《爾雅》，見《釋天・祭名》，正作「柴」。《玉篇・示部》：「祡，仕佳切。《說文》云：『燒祡樊燎，以祭天神。』亦作柴。《爾雅》曰：『祭天曰燔柴。』」唐・張參《五經文字》卷中：「祡。祡望字，經典取燔祡之義，多作木。」《集韻・佳韻》：「祡，古文从隋省。通作柴。」《漢書・揚雄傳上》：「於是欽祡宗祈，燎熏皇天」，本書《甘泉賦》則作「柴」。然則，顧氏說，是也。陳校可廣異聞。

又：鄭司農曰：三祀皆積柴，實生體焉。

【陳校】

注「實生體焉」。「生」，舊本作「牲」。

【疏證】

奎本以下諸六臣合注本同。尤本作「牲」。謹案：《後漢書・祭祀志》「更立六宗祀」注引亦作「牲」。鄭語見《周禮注疏・大宗伯之職》，字正作「牲」。《論語・鄉黨》：「君賜生必畜之」音義：「生，《魯》讀生為牲。今從古。」是「生」與「牲」通。無煩改也。毛本當從六臣合注本，尤本與陳校「舊本」同。

而王制之巨麗也　注：《上林賦》曰：君未覩夫巨麗

【陳校】

注「君未觀」。「觀」，舊本作「覩」。

【疏證】

奎本以下諸六臣合注本、尤本作悉「覩」。謹案：《上林賦》載在本書，正作「覩」。《史》、《漢・司馬相如傳》、《藝文類聚》卷六十六等引並同。毛本獨涉上注文「天下之壯觀」及正文「茲禮容之壯觀」等而誤，陳校《史》《漢》、本書內證、尤本等，皆可當陳校之「舊本」。

周文弱枝之棗，房陵朱仲之李　注：王逸《荔枝賦》曰：房陵縹李。《荊州記》：房陵縣有朱仲者，家有縹李，代所希有。

【陳校】

「周文弱枝之棗」注。舊本「房陵縣」下有「有好棗甚美，仙人朱仲來竊。太山羊肅亦稱同學。讀岳《賦》『周文弱枝之棗』，為『杖策之杖』。《世本》：容成造（磨）［歷］，［以歷］為碓磨之磨」七句。

【集說】

顧按：「太山」以下，見《顏氏家訓》。無「朱仲」下二字。

胡氏《考異》曰：注「《荊州記》」下至「朱仲來竊」。袁本、茶陵本無此十七字，有「周文、朱仲未詳」六字。案：二本是也。此等皆尤增改之誤。又曰：注「太山肅」下至「為碓磨之磨」。袁本、茶陵本無此三十二字。案：無者是也。此見《顏氏家訓・勉學篇》。必或記於旁，而尤誤取以增多者。彼「肅」上有「羊」字，記者失去。遂成誤中之誤。

張氏《膠言》曰：《西溪叢語》云：「李善云：『朱仲李未詳。』按：《述異記》云：『房陵定山有朱仲李三十六所。許昌節度使小廳，是故魏景福殿。董卓亂，魏太祖挾令遷帝，自洛都許。許州有小李子色黃大如櫻桃，謂之御李子，即獻帝所植，至今有焉。王逸《荔枝賦》云：『房陵縹李。』」雲璈按：今《選》李注亦引王逸《賦》云云，又引《荊州記》云：「房陵縣有朱仲者，家有縹李，代所希」，並無「朱仲李未詳」之說。未審姚氏何據？豈所見李氏未定之本耶，抑近本李注為後人羼入也？自注：袁本有「周文朱仲未詳」六字。又「代所希有」，脫「有」字。

梁氏《旁證》曰：「周文弱枝之棗」。王氏得臣《麈史》云：「善注《選》未詳。余讀《拾遺記》：『北極岐峰之陰，多棗樹百尋，其枝莖皆空，其實長尺，核細而柔，百歲一實。夫岐乃周文所居，知岳蓋出此。』又《述異記》：『房陵空山有朱仲李園三十六所。』」（梁氏）又曰：注「《荊州記》」下至「朱仲來竊」。胡公《考異》曰：「袁本、茶陵本無此十七字。有周文、朱仲未詳六字。」謹按：《麈史》論《閒居賦》，以李注云「周文、朱仲未詳」，因引王嘉《拾遺記》、《述異記》補之。而《四庫全書總目》論《麈史》則云：「善注於此二條，引《廣志》注『周文弱枝』，引《荊州記》注『房陵朱仲，疏解分明。』王氏蓋偶見不全之本耳。」六臣本亦未是也。又曰：注「大山肅」至「為碓磨之磨」。按：此三十二字各本均無，獨見於尤本。胡公《考異》曰「無者是也」云云。姜氏皋曰：「李匡乂《資暇錄》云：『李注《文選》凡六七易稿，世所行者不止一本。』匡乂，唐人，而其時所見已不止一本，稿凡六七易，則其書自有異同，且《顏氏家訓》亦恒為善注所引，亦安決其為尤所添多耶？」

朱氏《集釋》曰：案：李注引「王逸《荔枝賦》曰：『房陵縹李。』《荊州記》：『房陵縣有好棗甚美，仙人朱仲來竊。』」案：此注袁、茶二本所無，但云「朱仲未詳」，故胡氏《考異》以為尤本所增。宋・姚氏《西溪叢語》亦謂：「李善云：『朱仲李未詳。』知善原本如此也。上句言「棗」，此言「李」。「棗」當為「李」之誤。……」姚氏又引「《述異記》云：房陵定山有朱仲李三十六所。」定山與房山南之石門山相接。

胡氏《箋證》曰：《旁證》云：「王氏得臣《麈史》論《閒居賦》，以李注云：『周文、朱仲未詳。』……六臣本亦未是也。」紹煐按：今「善注」云云，俱誤入翰注，而刪《廣志》、《荊州記》等名目，遂於善注出「未詳」六字，宜訂正。

許氏《筆記》曰：六臣本善注云：「周文、朱仲未詳」，而此則引《廣志》、《荊州記》甚詳，此正《資暇錄》所謂「有初注、覆注、三注、四注者」，故本有不同矣。嘉德案：胡氏不察初注三四注，而云「尤增《廣志》」云云，誤。

【疏證】

奎本以下諸六臣合注本無上四十九字，而有「周文、朱仲未詳」六字。謹案：尤本有此四十餘字，惟「朱仲」下無「來竊」二字、「肅」上無「羊」字、「同學」作「學問」。又，其中「太山肅」下至「為碓磨之磨」三十二字，為《顏氏家訓》語，係羼入後人旁注。顧按可為定論。陳校祗校出衍文，而未能明其出處。尤本與陳所見「舊本」，必有一定關係，然並不可確定的為陳所稱「舊本」。「周文、朱仲未詳」六字，王得臣云：「善以周文、房陵未詳」《麈史・論文》，其所見李善《文選》如此。四庫館臣以為王所見「不全之本」，非善完本，理由是李善已引《廣志》注「周文弱枝」，《荊州記》注「房陵朱仲」。根據即在尤本。梁氏宗館臣，補充云「六臣本亦未是」，蓋指諸六臣合注本善注亦有此六字耳。至後胡在館臣、梁氏基礎上進而言「善注俱誤入翰注」說，其依據即在比照尤本及六臣合注本善及翰注耳。本條最能考見選學前後遞進傳承之跡。尤本獨有《顏氏家訓》語，前胡即斷言為「尤誤取以增多」，已遭姜氏、許氏等駁斥。其實即就「周文弱枝」、「房陵朱仲」注，獨尤本有「《廣志》、《荊州記》」之冠，亦可窺尤本當別有所本，此本非尤本所能擅添者也。毛本「《荊州記》」，蓋從尤本。周鈔迻錄陳校「造磨」之「磨」，當作「歷以歷」三字，已據《顏氏家訓》補正。

靡不畢殖　注：倉頡曰：殖，種也。

【陳校】

注「《倉頡》」，舊本作「《蒼頡［篇］》」。

【疏證】

奎本以下諸六臣合注本、尤本悉有「篇」字。謹案：本書潘安仁《藉田賦》「司農撰播殖之器」注亦引倉頡書，正有「篇」字。本書凡引《倉頡》，大抵有「篇」字，如本賦「煌煌乎」注、下《長門賦》「魂踰佚而不返兮」注及「懷真愨之懽心」注引「蒼頡」下並有「篇」字。亟當依陳校補之。「蒼頡」與「倉頡」同。據上文可判陳校對象在本條脫「篇」字，而非「倉」字。此周鈔之譌。

時藿向陽　注：曹子建《求親表》曰：葵藿之傾葉太陽

【陳校】

注「《求親表》」。按：「求」下當有「通親」二字。

【集說】

胡氏《考異》曰：何校「求」下添「通親」二字。陳同。是也，各本皆脫。

梁氏《旁證》同胡氏《考異》。

【疏證】

奎本、贛州本、尤本、建本脫同，明州本獨作「求親」，脫三字，誤益甚。謹案：此傳寫偶奪，曹《表》載在本書，本書陸士衡《謝平原內史表》「馳心輦轂」注、劉越石《勸進表》「誕授欽明」注、張士然《為吳令謝詢求為諸孫置守塚人表》「佩青千里」注、庾元規《讓中書令表》「聖德無私」注引，並作「《求通親親表》」。並當陳、何校補所據。

太未人乃御版輿

【陳校】

「太未人」。「未」，「夫」誤。

【疏證】

諸《文選》本咸作「夫」。謹案：《晉書》及《通志》本傳、《古今事文類聚》後集卷四引並作「夫」。此毛本傳寫獨因形近而誤，陳校無待披書，信手可正之者。

又注：傅暘《晉諸公贊》曰。

【陳校】

注「傅暘晉諸公」。「暘」，「暢」誤。

【疏證】

奎本以下諸六臣合注本、尤本作「暢」。謹案：傅書，見《隋書・經籍志二》，云：「《晉諸公讚二十一卷》，晉祕書監傅暢撰。」本書潘氏《關中詩》「朝議惟疑」注、傅長虞《贈何劭王濟》「武子俄而亦作」注、袁陽源《傚曹子建樂府白馬篇》「俠烈良有聞」等注引並作「暢」。本條毛本獨因形近而譌。陳校或從《隋志》、本書內證等正之。

遠覽王畿　注：《周禮》曰：方十里，曰王畿。

【陳校】

注「方十里」。「十」，「千」誤。

【疏證】

奎本以下諸六臣合注本、尤本悉作「千」。謹案：語見《周禮・校人》：正作「千」字。《玉篇・男部》「男」注引同。毛本獨因傳刻而誤，陳校當從《周禮》、六臣合注本、尤本等正之。

藥以勞宣　注：《爾雅・釋言》曰：徇，宣也。郭璞注曰：宣，周徧也。杜預《左傳注》曰。

【陳校】

注「徇，宣也」。「宣」，「徧」誤。又「《左傳》」。「左」下脫「氏」字。

【集說】

胡氏《考異》曰：注「《爾雅・釋言》曰」下至「皆周徧也」。袁本、茶陵本無此十七字。

【疏證】

尤本作「徧也」、脫「氏」。奎本以下諸六臣合注本並無此十七字、有「氏」字。謹案：《爾雅・釋言》作：「宣，徇，徧也。」毛本獨涉上文而誤。「氏」字毛本獨脫。本書善引杜書，大抵有「氏」字，即如本篇「効當年之用」注、本卷潘氏《寡婦賦》「少喪父母」注、江文通《恨賦》「別豔姬與美女」注及「脫略公卿」注並有「氏」字，至於如本條傳寫脫去者，亦非絕無僅見，容不贅舉矣。

席長筵　注：曹子建《名都篇》曰：列坐竟長筵。言屈軌不行也。……張揖曰：結，猶屈也。

【陳校】

注「長筵」下，舊本有「結，猶屈也」四字，無末「張揖曰：結，猶屈也」七字。

【集說】

胡氏《考異》曰：注「言屈軌不行也」。袁本、茶陵本「言」上有「結，猶屈也」四字。又曰：「張揖曰：結，猶屈也。」袁本、茶陵本無此七字。

【疏證】

尤本誤同。奎本以下諸六臣合注本正同陳校。謹案：毛本當誤從尤本，此亦陳校為前胡《考異》所掩例。陳校所謂「舊本」，諸六臣合注本可當。

陸摘紫房　注：馬融《（高）〔西〕第頌》曰：黃果揚芳，紫房潰漏。

【陳校】

注「紫房潰漏」。「潰」，舊本作「漬」。

【疏證】

奎本以下諸六臣合注本、尤本誤同。謹案：「潰漏」與上句「揚芳」字，情景不協。《後漢書・馬融傳》云：「（融）為梁冀草奏李固，又作《大將軍西第頌》，以此頗為正直所羞。」馬《頌》本見譏清議之諛美文字，修辭諒亦不容用「潰漏」字樣。檢《類篇・水部》：「漬，雨零皃。」「漬漏」則如言「欲滴」。陳校作「漬」，當是。然惜未知所依「舊本」何指。本書《蜀都賦》：「蒲陶亂潰」注引馬氏此《頌》，亦誤作「潰」，其正文作「潰」，蓋《蜀都賦》正合誇飾之用，用與馬《頌》不同。

昆弟斑白　注：王隱《晉書》曰：凡御史釋，弟燕令豹。

【陳校】

注「凡御史釋」。「凡」，「兄」誤。

【集說】

余氏《音義》曰：「書曰凡」，「凡」，何改「兄」。

胡氏《考異》曰：注「王隱《晉書》曰：凡御史釋，弟燕令豹」，袁本、茶陵本無此十三字。

【疏證】

尤本作「兄」。奎本以下諸六臣合注本悉無「王隱」以下十三字。謹案：《晉書》、《通志》本傳作「兄侍御史釋」。尤本此補，當據別本。毛本從尤本而因形近而誤。陳、何校當依尤本系統本改正。

長門賦一首　司馬長卿

魂踰佚而不返兮　注：言精魂踰快。

【陳校】

注「（愉）［踰］快」。「快」，「佚」誤。

【疏證】

奎本以下諸六臣合注本、尤本悉作「佚」。謹案：此毛本獨傳寫而譌。但觀正文可證其誤。陳校當從六臣或尤本系統本等正之。

飲食樂而忘人　注：今以飲食恣樂，而忘於交人。

【陳校】

注「忘於交人」。「交」字，衍。

【集說】

顧按：按宋本作「為」。

胡氏《考異》曰：注「而忘於為人」。袁本、茶陵本無「為」字。

【疏證】

尤本作「為」。奎本、贛本、建本無「交」字，明州本作「善同向注」。謹案：毛本當涉下文「交得意而相親」致衍。此條亦可見前胡（顧氏）修訂之跡。顧按承陳校稱尤本為「宋本」。

心燫移而不省故兮　注：鄭玄《周禮》注曰：燫，絕也。移字或從火，非。

【陳校】

「心燫移而不省故」。「燫」，「慊」誤。注並同。又「移字」。「移」，「慊」誤。

【集說】

孫氏《考異》曰：何校從注，「熑」改「慊」。志祖按：「慊」字，並不訓絕。《說文》：「燫，火煣車網絕也。」《周禮》曰：「煣牙外不熑。」自注：今本《考工記》作廉。李氏既引《周禮》注語，自當作「熑」字矣，乃又云「字或從火，非。」未詳所據。

胡氏《考異》曰：「心慊移而不省故兮」。袁本、茶陵本「慊」作「熑」，注同。案：二本是也。此尤誤改。又曰：注「慊字或從火，非」。袁本、茶陵本「慊」作「移」，案：二本最是。《玉篇・火部》云：「燫熪火不絕」，《廣韻・五支》同。是當時賦本有作「熪」者，善作「移」，從如字解之，故辯「熪」為非也。不知此注何時誤「移」為「慊」。尤延之乃改正文之不誤者以就其誤。失之甚矣。「燫」、「熑」同字。

梁氏《旁證》曰：尤本「熑」作「慊」，誤也。注「移字或從火，非也。」尤本「移」作「慊」，誤也。胡公《考異》曰：「《玉篇・火部》」云云。

朱氏《集釋》曰：案：孫氏《考異》曰「慊字，並不訓絕」云云。胡氏《考異》則云：「袁、茶本正文慊，從熑，注作：移字，或從火，非。考《玉篇》：燫熪，火不絕，《廣韻》同。是當時賦本有作熪者，善作移，從如字解之，故辯熪為非也。」余謂：《說文》引《周禮》，見《考工記・輪人》，云：「凡揉牙，外不廉而內不挫、旁不腫，謂之用火之善。」注曰：「廉，絕也。」廉者，「熑」之叚借，作「熑」是已。然既「熑移」字連文，似當從《玉篇》「燫熪」之訓，《通鑒》云：「陳皇后雖廢，供奉如法，長門無異上宮，則知本未遽絕也。」賦意殆謂「帝心如火之燫熪不絕，但不加省問耳。」不竟作決絕語，亦詩人忠厚之義與？

胡氏《箋證》引胡氏《考異》「《玉篇・火部》」云云後，按曰：作「熪」亦通。《爾雅》：「連，謂之簃。」謂屋之相連不絕也。火不絕謂之「熪」，猶屋不絕謂之「簃」，其義同也。「熑移」連語，謂帝心有所牽連而不省故舊也。然則，「熑移」正「不絕」之義。而《周禮》注云「絕」者，正相反而成，義各有當也。「熑」，今《考工記》作「廉」，《說文》引作「熑」，與善引合。

許氏《筆記》曰：《說文》：「熑，火煣車網絕也。从火，兼聲。」《周禮》曰：「煣牙外不熑。」今《周禮》作「廉」。嘉德案：「廉」者，「熑」之叚借字。《玉篇》作「燫熪」，賦文必本有作「熪」者，故注云「移字或從火，非。」又案：正文「熑」及注中「移」字，一本並作「慊」，大誤。

黃氏《平點》曰：「心慊移而不省故兮。」《玉篇》：「熑熪，火不絕也。」《廣韻》同。此「慊移」，當從《玉篇》之訓，字未必同《玉篇》耳。「熑熪」猶邐迤也。又曰：「慊移」，別本作「熑，舊音慊。」據此條，推得舊音碻在善前，即善之所謂「本」也。自注：善注慊字或從火。

【疏證】

奎本悉同。明州本正文同，注首脫「鄭玄」以下九字。「字」上作「移」。贛本、建本從明州本。五臣正德本、陳本作「熑移」，翰注同。尤本正文並注「絕」上、「字」上，三處並作「慊」字。謹案：胡氏《考異》以為正文為「熑」，注引鄭注同，「慊字或從火，非」之「慊」，當作「移」。所論極是。其所考對象為尤本，然所得李善本結論，與奎本奄若符節。毛本此處悉與奎本合，是也。陳、何校從尤本，改正文，大謬。孫氏所據蓋毛本之錢士謐重刻本，注「字」上之「移」，錢已據尤本誤改作「慊」。孫氏不能辨，不知善注「字或從火，非」者云云，乃論「移」為「熪」之非，非論「慊」者，故致疑善注自相矛盾。斯誤亦甚矣。朱氏、後胡、許氏三家，於胡氏《考異》有所糾正，說皆可參。後胡、黃氏「熑熪，猶邐迤也」，以連綿詞說，尤見精審。祝氏《訂譌》云「李善註以移字從火為非。似誤。」《文選學論集》頁156蓋未讀二胡、朱、黃氏諸家說耳。

交得意而相親　注：言帝心絕移，不省故舊，安在得意相親而已。

【陳校】

注「安在得意」。「安」，「交」誤。

【疏證】

奎本、尤本作「交」。明州本、贛本、建本無此八字。謹案：毛本從尤本而因形近而誤，陳校當據注上下文義及正文正之。

廓獨潛而專精兮　注：《禮記》曰：祥而廓然。鄭玄曰：憂悼在心之貌。

【陳校】

「憚」，舊作「悼」。

【疏證】

奎本以下諸六臣合注本並同。尤本作「悼」。謹案：語見《禮記注疏·檀弓上》，字正作「悼」，《記纂淵海》卷七十九「祥而廓然」注同。毛本當誤從六臣合注本等，陳校當據《禮記》、尤本等正之。

離樓（梧）〔梧〕而相撐　注：《漢書音義》：臣瓚曰：邪柱為梧。《字林》曰：撐，柱也。

【陳校】

注「邪柱為梧」。「柱」，舊本作「拄」。下同。

【疏證】

奎本以下諸六臣合注本、尤本悉同。謹案：臣瓚語，見《史記．項羽本紀》「莫敢枝梧」《集解》：「瓚曰：『小柱為枝，邪柱為梧。今屋梧邪柱是也。』」字正從「木」。檢《集韻．噳韻》：「拄，撐也。通作柱」。然則，柱與拄通，毛本不誤，陳校祇可廣異聞。

涕流而離從橫　注：流離，涕垂貌。

【陳校】

「而離」，當乙。

【疏證】

諸《文選》本咸作「離而」。謹案：朱氏《楚辭集注．後語》、《記纂淵海》卷八十一引並作「離而」，本書石季倫《王明君辭》「僕御涕流離」注、陸士衡《挽歌詩（卜擇）》「揮涕涕流離」注引並同。單據注「流離，涕垂貌」，亦知當如陳校。此毛本傳寫偶倒。陳校不待手披本書他本，信手可正之者。

舒自悒而增欷兮　注：息，歎息也。

【陳校】

「自」，當作「息」。

【疏證】

諸《文選》本咸作「息」。謹案：但據注「息，歎息也」，亦可判字當作「息」，不然，注語無所歸矣。毛本獨譌，陳校當據善注等正之。

遂頹思而就床　注：《廣雅》曰：頹，懷也。言懷其思慮而就床。

【陳校】

注「懷也」。「懷」，當作「壞」，下同。見《高唐賦》。

【疏證】

奎本以下諸六臣合注本誤同。尤本作「壞」，下同。謹案：《玉篇·𨸏部》：「隤，壞，隊下也。或作頹、墤。」頹（隤）、壞一聲之轉耳。今本《廣雅·釋詁》作「隤……衺也。」衺，同邪。本書宋玉《高唐賦》「傾崎崖隤」注引「《廣雅》曰：隤，壞也。」《禮記·檀弓上》：「泰山其頹乎，梁木其壞乎？」「壞」與「頹」，相對為文，亦可為陳校佐證。毛本當誤從六臣合注本，陳校據本書內證等正之。

魄若君之在旁

【陳校】

「魄」，舊作「魂」。

【集說】

余氏《音義》曰：「魄」，六臣作「魂」。

胡氏《考異》曰：「魄若君之在旁」、「惕寤覺而無見兮」。袁本、茶陵本「魄」作「魂」、「寤」作「寐」。案：二本不著校語，無以考也。

梁氏《旁證》曰：六臣本「魄」作「魂」。

【疏證】

尤本同。五臣正德本及陳本、奎本以下諸六臣合注本並作「魂」。謹案：《藝文類聚》卷三十、《記纂淵海》卷八十一作「魂」。此句若用「魂」字，則同下聯「惕寐覺而無見兮，魂迋迋若有亡」之「魂」字複，當以「魄」字義長。

惕寐覺而無見兮

【陳校】

「寐」舊作「寤」。

【集說】

孫氏《考異》曰：何校「寐」改「寤」。

胡氏《考異》曰：「惕寤覺而無見兮。」袁本、茶陵本「寤」作「寐」。案：二本不著校語，無以考也。

梁氏《旁證》曰：六臣本「寤」作「寐」。

許氏《筆記》曰：何曰云云。嘉德案：《說文》：「寐，臥也。」段曰：「俗所謂睡着也。」《周南》毛《傳》曰：「寐，寢也。」小徐曰：「寐之言迷也，不明之意也。」大徐曰：「寐覺而有信曰寤。」小徐曰：「寐覺而省信曰寤。」《倉頡篇》曰：「覺而有言曰寤。」《周南》毛曰：「寤，覺也」。寐與寤，義異，世多通用，尤本作寤。古又借寤為悟，悟，亦覺也，寤與晤，義亦通。

【疏證】

五臣正德本及陳本、奎本以下諸六臣合注本並同。尤本作「寤」。謹案：《記纂淵海》卷八十一引作「寐」。《說文》曰：「寤，寐覺而有信曰寤。」「有信」，段注改「有言」，校云：「有言，今鍇本作省信，鉉本作有信，皆誤，今依《韻會》所依鍇本。釋．元應所引《倉頡篇》：『覺而有言曰寤。』」然則，依段注，此處「寤」、「寐」實有別。尤本作「寤」，必有所據。陳、何校當依尤改毛，是也。又檢此句作「寐」，則與上聯上句「忽寢寐而夢想兮」之「寐」重，不若作「寤」勝。

畢昴出於東方　注：《爾雅》曰：蜀，謂之畢。……昴也。

【陳校】

注「蜀，謂之畢」。「蜀」，舊作「噣」。

【集說】

胡氏《考異》曰：注「《爾雅》曰」下至「昴也」，袁本、茶陵本無此十三字。

【疏證】

尤本同。奎本以下諸六臣合注本無此十三字。謹案：《爾雅》，見《釋天》篇，作「濁」。鄭樵曰：「畢星，一名濁。實沉所次，故有沉濁之名焉。」「蜀」，當「濁」之借。噣，柳星；濁，畢星，陳校作「噣」者，非。毛本當從尤本，不誤。

思舊賦一首　向子期

向子期　注：臧榮緒《晉書》曰：秀曰：以為巢許未達堯心，是以來見。反自投，作《思舊賦》。

【陳校】

注「反自投」。「投」，舊作「役」。

【疏證】

奎本以下諸六臣合注本、尤本悉作「役」。謹案：按《晉書．向秀傳》作「乃自此役，作《思舊賦》」，亦作「役」字。今但觀上下文義，亦固當作「役」，毛本當獨因形近而誤。陳校當從尤本等正之。

然嵇志遠而疎，呂心曠而放　注：于寶《晉書》曰：嵇康，譙人。……巽於鍾會有寵，太祖遂徙安遠郡。……《魏氏春秋》曰：康與東平呂昭子巽友弟安親善。……時人莫不哀之。

【陳校】

注「于寶」。「于」，「干」誤。又「巽於鍾會」。「於」上疑脫一字，否則「與」字之譌。又「巽友弟」。「友」，當作「及」。

【集說】

胡氏《考異》曰：注「干寶《晉書》曰嵇康」下至「時人莫不哀之」，袁本、茶陵本無此二百四十二字。有「臧榮緒《晉書》曰：安妻甚美，兄巽報之。巽內慙，誣安不孝，啟太祖，徙安遠郡。即路與康書。惡之，收安付廷尉，與康俱死。見法，謂被法也」五十字。是也。茶陵本「惡」之上又有「太祖見而」四字，袁本無，蓋脫。

【疏證】

尤本作「干」，作「於」、「友」同。奎本、明州本無此二百四十二字，與袁本同。贛本、建本同茶陵本，有「太祖見而」四字。謹案：「于」，當作「干」，詳下《晉紀論晉武帝革命》「于令升」條，毛本形近而誤。「於」當作「與」，「友」，當作「及」，觀上下文義可明，尤本乃因音近、形近而誤，毛本誤從之，陳校是也。奎本乃袁本之遠祖，贛、建二本，則茶陵本之宗祖爾。

顧視日影　注：《康別傳》：臨終曰：袁左嘗從吾學《廣陵散》……不與。……就死，命也。曹嘉文《晉紀》曰：康刑於東市，顧日影，索琴而彈。

【陳校】

注「袁左」，當作「孝尼」。又「曹嘉文《晉紀》」，「文」當作「之」。又「索琴而彈」，「索」，舊作「援」。

【集說】

葉刻：何校《太平引》、《廣陵散》互異。

余氏《音義》曰：「袁左」，「左」，何改「孝尼」二字。「嘉文」，「文」，何改「之」。

胡氏《考異》曰：注「《康別傳》臨終曰」下至「不與」。袁本、茶陵本無此二十二字。有「干寶《晉紀》曰」五字。又曰：「就死命也」下至「援琴而彈」。袁本、茶陵本無此二十二字。

徐氏《規李》曰：案：此乃「袁孝尼」之譌。孝尼名準，即見《嵇康》本傳。

許氏《筆記》曰：注「袁左」。案：袁準，字孝尼，見《晉書・嵇康傳》及《世說》。此注脫「孝」字，又譌「尼」為「左」也。嘉德案：今各本皆譌「袁左」，未有校正者。

【疏證】

尤本作「袁尼」、「之」、「援」。奎本以下諸六臣合注本悉無「《康別傳》：臨終曰」至「不與」二十二字，有「干寶《晉紀》曰」五字；悉無「就死命也」至「援琴而彈」二十二字。謹案：《晉書・嵇康傳》作「袁孝尼」、「索琴」。《太平御覽》卷五百七十九引《竹林七賢傳》同。《藝文類聚》卷四十四有「曹嘉之《晉書》曰：劉疇曾避亂塢壁」云云、《新唐書・藝文志》有「曹嘉之《晉紀》十卷」。本書顏延年《五君詠・阮始平》「屢薦不入官」注、張茂先《女史箴》題下注引，亦並作「曹嘉之《晉紀》」，當陳、何校所據。尤本「袁尼」中尚脫一「孝」字，陳、何校、徐、許二氏說並是。尤本作「之」、「援」字，不誤；毛本當從尤本，而復有譌。陳校正之也。

余逝將西邁　注：言昔逝將西邁，今返經其舊廬。

【陳校】

注「昔逝將西邁，今返經其舊廬」。按：河內在洛陽西北。西邁者，言自洛西行也。史言子期「應本州計入洛，反自役，作《思舊賦》」，是也，注以入洛為西邁，誤。

【疏證】

奎本以下諸六臣合注本、尤本悉同。謹案：毛本當誤從尤本等。陳校說是。李善偶疏地理。

將命適於遠京兮　注：《論語》曰：將命者出。

【陳校】

注「將命者出」。「出」下，舊有「戶」字。

【集說】

胡氏《考異》曰：注「將命者出」。茶陵本「出」下有「戶」字，是也。袁本亦脫。

梁氏《旁證》曰：今《論語》「出」下有「戶」字。本書《三國名臣序贊》注引亦有「戶」字。

【疏證】

奎本、明州本、尤本脫。贛本、建本有「戶」字。謹案：語見《論語·陽貨》，字正有「戶」字，《太平御覽》卷五百七十六、《記纂淵海》卷六十引，並同。本書《三國名臣序贊》「將命公庭」注則亦脫「戶」字。毛本當誤從尤本等，陳校或從本書內證、茶陵本等補之。

歎黍離之愍周兮，悲麥秀於殷墟　注：《毛詩序》：黍離，……周大夫……故歌《黍離》之詩。毛詩《正義》曰：過故宗廟宮室盡為禾黍。又曰：禾黍油油。《尚書大傳》曰：微子……過殷之故墟。見麥秀之蔪蔪，……作雅聲曰：麥秀漸兮黍米黽黽，彼狡僮兮不我好。

【陳校】

注「又曰禾黍油油」六字，當在下文「不我好」之下。

【集說】

胡氏《考異》曰：注「周大夫行役」下至「又方禾黍油油」。袁本、茶陵本無此四十三字。又曰：注「作雅聲曰」下至「不我好」。袁本、茶陵本無此十九字。

朱氏《集釋》曰：至此注末句「不我好」三字，詞似未備，當有脫文……此注引《大傳》上尚有「又曰禾黍油油」六字，當在「不我好」之下，蓋記《大傳》別本作「油油」也。

【疏證】

尤本「又曰」誤作「又方」外，餘同。奎本、贛本、建本無此凡六十二字。明州本作「善同〔翰〕注」。謹案：六十二字不見六臣合注本，尤本當別有所據。朱說同陳校，而有補苴。彼謂「蓋記《大傳》別本作油油」說，有《能改齋漫錄》可證，《漫錄》卷七「麥秀蔪兮麥秀漸漸」云：「予按《尚書大傳》曰：『微子將朝周，過殷之故墟。見麥秀之蔪蔪，禾黍之蠅蠅也。曰：此故父母之國云云。謂之《麥秀歌》。歌云：麥秀漸漸兮禾黍油油，彼狡童兮不我好仇。』……大傳《序》與《歌》蔪、漸二字不同……蠅、油，《序》、《歌》二字亦不同」。（宋・史繩祖《學齋佔畢》卷二「麥秀之歌」引所見《尚書大傳》同。）故朱說，有助參考。

昔李斯之受罪兮 注：《史記》曰：李斯者……斯入倉，觀食中鼠，食積粟，……乃以斯為客卿。……以斯為丞相。二世立，用趙高……被治斯。斯居囹圄中，仰天嘆曰：嗟乎不道之君，何可為託哉！……論腰斬咸陽。

【陳校】

注「食中鼠」。「食」，舊作「倉」。又「乃以斯為客卿」。「以」，作「拜」。「被治斯」。「被」作「按」。「何可為託」。「託」，作「計」。

【集說】

余氏《音義》曰：「高被治」。「被」，何改「按」。

胡氏《考異》曰：注「李斯者」下至「論要斬咸陽」。袁本、茶陵本無此二百六十三字。

【疏證】

尤本作「倉」、「拜」、「按」、「計」。奎本、贛本、建本無此二百六十三字。明州本作「善同銑注」。謹案：事見《史記・李斯傳》，蓋尤本所出。毛本從尤本復有誤，陳校當從《史記》、尤本系統本等正之。

聽鳴笛之慷慨兮，妙聲絕而復尋 注：《洞簫賦》曰：其妙聲則清淨厭瘱。

【陳校】

注「清淨厭瘱」。「瘱」，舊作「瘱」。

【疏證】

奎本誤同。明州本、尤本、建本作「瘱」。贛本誤作「瘞」。謹案：《藝文類聚》卷四十四亦誤作「瘱」，有音注「翳」。本書《洞簫賦》作「瘱」，注云：「曹大家《列女傳注》曰：瘱，深邃也。音翳。」此當《藝文》音注所自。《古今事文類聚》續集卷二十三則作「瘞」。檢《說文通訓定聲・謙部》：「瘱，字亦作瘱。」然則，二字同。毛本之誤，當有所出，陳校正之是，然未知所據何本。

停駕言其將邁兮 注：言駕將邁，遂停不行。

【陳校】

「停」，《晉書》作「佇」。

【集說】

余氏《音義》曰：「停」。何曰：《晉書》作「佇」。

梁氏《旁證》曰：《晉書・向秀傳》「停」作「佇」。

【疏證】

諸《文選》本悉同。謹案：《通志》卷一百二十三本傳引，同《晉書》。然據注「言駕將邁，遂停不行」，則《文選》自作「停」。陳、何校祇廣異聞耳。

歎逝賦一首　陸士衡

陸士衡 注：王隱《晉書》曰：後成都王穎以機為同馬，大參將軍軍事。

【陳校】

注「以機為同馬」。「同」，舊作「司」。又：「大參將軍」，「大參」二字，當乙。

【集說】

余氏《音義》曰：「大參」。何改「參大」。

胡氏《考異》曰：注「參大將軍軍事」。袁本、茶陵本無此六字。

梁氏《旁證》曰：毛本「參大」二字誤倒。六臣本無此六字。按：此賦注有為尤本增多者，已詳胡公《考異》。茲不悉出。

【疏證】

尤本作「司」、「參大」。奎本無「參大將軍軍事」六字。明州本首以「善同濟注」，刪善引王《書》，贛本、建本遞相踵之。此袁、茶二本所以不見「參大將軍軍事」六字矣。謹案：今本《晉書》本傳作「參大」。毛本因形近誤作「同」、復誤倒「參大」，陳、何乃據尤本、今本《晉書》等正之。

昵交密友　注：《爾雅》曰：昵，近也。孫林曰：親之近也。

【陳校】

注「孫林」，疑當作「孫炎」。

【集說】

胡氏《考異》曰：注「孫林曰：親之近也。」陳曰云云。是也，各本皆誤。

梁氏《旁證》胡氏《考異》。

【疏證】

奎本以下諸六臣合注本、尤本誤同。謹案：《隋書・經籍志一》載：「《爾雅七卷》：孫炎注」、「《爾雅音八卷》」下，云：「梁有《爾雅音》二卷。孫炎、郭璞撰，亡。」本書顏延年《和謝監靈運》「親仁敷情昵」注、《七月七日夜詠牛女》「遐川阻昵愛」注引並作「孫炎」。毛本當誤從尤本等，陳校當因《隋書》、本書內證等疑之。

以是思哀，哀可知矣　注：孔子謂哀公曰：君以此思哀，則哀可知矣。

【陳校】

注「孔子」上，脫「《家語》」二字。

【集說】

余氏《音義》曰：「孔子謂」上，何增「《家語》」二字。

【疏證】

奎本以下諸六臣合注本、尤本有「《家語》」二字。謹案：語見王肅注《孔子家語·相魯》。本書陸士衡《弔魏武帝文》「物無微而不存」注引亦有「《家語》」二字。毛本偶脫，陳、何當據尤本、本書內證等補，是也。

望湯谷以企予　注：《山海經》曰：湯谷上於扶桑。

【陳校】

「望湯谷以企予。」「湯」，五臣作「暘」。

【集說】

顧按：「湯」字，是。

【疏證】

尤本作「湯」。五臣正德本並向注作「暘」、陳本作「湯」，向注作「暘」。奎本以下諸六臣合注本悉作「暘」，校云：善作「湯」。謹案：據注引《山海經》，亦當作「湯」。顧按是也。毛本蓋從尤本，陳校以五臣亂善，非。五臣陳本當據尤本改而未顧及向注。詳參上《西征賦》「旦似湯谷」及下「丹氣臨湯谷」條等。

率品物其如素　注：《周易》曰：品物城亨。

【陳校】

注「品物城亨。」「城」，「咸」誤。

【疏證】

奎本以下諸六臣合注本、尤本悉作「咸」。謹案：語見《周易·坤》，正作「咸」字。本書陸士龍《大將軍讌會被命作詩》：「品物咸秩」、盧子諒《贈劉琨》「大雅含弘」、劉孝標《廣絕交論》「品物恒性」、崔子玉《座右銘》「曖曖內含光」注引《周易》並作「咸」。毛本當音近而誤，陳校當據本書內證、《周易》等正之。

譬日及之在條　注：《爾雅》曰：椵，木槿。櫬，木槿。郭璞注曰：別二名。似李樹，棗朝生夕隕。可食。或呼為日及，一曰王蒸。

【陳校】

注「棗朝生」。「棗」，當作「華」。

【集說】

余氏《音義》曰：「棗朝」。「棗」，何改「華」。

胡氏《考異》曰：注「《爾雅》曰」下至「一曰王蒸」。袁本、茶陵本無此三十五字。

梁氏《旁證》曰：「棗」，當作「華」。

朱氏《集釋》曰：今本「華」誤作「棗」。

【疏證】

尤本同。奎本以下諸六臣合注本悉無此三十五字。謹案：《爾雅》，見《釋草》篇，正作「華」。三十五字，尤當據別本增。陳、何當從《爾雅》、尤本等改。

痛靈根之夙隕　注：靈根，祖彌也。

【陳校】

注「祖彌也」。「彌」，「(穪)[禰]」誤。

【疏證】

奎本以下諸六臣合注本、尤本悉作「禰」。謹案：字當作「禰」。「祖禰」，祖廟與父廟，謂祖先也。字當從示。「祖彌」，不辭。周鈔作「穪」，同病。今已正之。陳氏無待披書，信手可正焉。

具爾之多喪　注：《毛詩》曰：戚戚兄弟，莫遠具爾。《箋》曰：莫，無也。……正與族人燕……俱揖而進之。

【陳校】

注「正與族人燕」。「正」，「王」誤。

【集說】

余氏《音義》曰：「正與族」。何曰：「鄭玄《毛詩箋》正，作王。」

胡氏《考異》曰：注「箋曰：莫，無也」下至「俱揖而進之」，袁本、茶陵本無此三十三字。

【疏證】

尤本作「王」。奎本無三十三字。明州本、贛本、建本並「《毛詩》曰」十一字亦無。謹案：尤當據別本增。語見《毛詩·行葦》鄭箋，正作「王」字。

毛本從尤本而因形近而誤，陳、何校當從鄭《箋》、尤本等正之。

悼堂構之頹瘁　注：瘁，猶毀也。

【陳校】

「瘁」。「瘁」誤。

【疏證】

奎本以下諸六臣合注本、尤本悉作「瘁」。謹案：《藝文類聚》卷三十四作「隤瘁」。隤、穨古通；瘁、穨音近。頹瘁與隤瘁、穨毀，並疊韻聯緜字。並有「毀壞」義。毛本獨因「瘁」、「瘁」形近而誤。陳校當從尤本及正文等正之。

戚貌瘁而尠懽　注：《爾雅》曰：尠，少也。

【陳校】

注「尠，少也。」「尠」，舊作「尠」。

【集說】

許氏《筆記》曰：「尠懽」。《六書正譌》云：「尟，別作尠，非；俗用鮮，非。」嘉德案：《說文》：「尟，从是、从少。」《廣韻》：「尠，俗尟字。」《正譌》非之，是也。《易・繫辭》：「故君子之道鮮矣。」鄭本作尟，云「少也」；又，「尟不及矣。本亦作鮮」。《爾雅・釋詁》：「鮮，善也。」釋文：郭云：「本或作尟。」然則，經典尟、鮮通用已久，亦未可泥也。

【疏證】

奎本以下諸六臣合注本、尤本悉作「尠」。謹案：今本《爾雅・釋詁》云：「鮮，寡也」郭注：「謂少。」又嘉德引釋文「本亦作鮮」下，陸氏《釋文》原文亦有「少也」二字，故究其實，尟、尠、鮮三字音義並同。嘉德辨尟、尠、鮮三字正俗異同，經典久已通用，明析通達，蓋得益於段注《說文》。毛本獨因「尠」、「尠」形近而誤，陳校當據正文、尤本等正之。

信松茂而柏悅　注：伯悅、蕙歎，蓋以自喻。

【陳校】

注「伯悅」。「伯」，舊作「柏」。

【疏證】

贛本、尤本作「柏」。謹案：伯、柏古通，然多見假「柏」作「伯」，未見倒之。觀「柏」既與本句「松」，復與下句之「蕙」字相對，不得借「伯」亦明矣。此毛本獨因音、形兩近而傳寫譌也。陳校但據正文可正焉。

寤大暮之同寐　注：原夫生死之理，未則長短有殊，終則同歸一揆。

【陳校】

注「未則長短」。「未」，舊作「雖」。

【疏證】

尤本作「雖」。奎本以下諸六臣合注本無「原夫」下至「一揆」十八字。謹案：尤本當別有所宗，毛本從之而有譌字。陳校當從尤本系統本正之。

懷舊賦一首　潘安仁

遂申之以婚姻　注：《爾雅》曰：婚之父母，相謂為婚姻。

【陳校】

注「婚之父母」。「婚」，當作「婿」。

【集說】

余氏《音義》曰：「婚之」。「婚」，何改「婿」。案：上當有「婦之父母」一句。

胡氏《考異》曰：注「《爾雅》曰」下至「為昏姻」，袁本、茶陵本無此十二字。

梁氏《旁證》曰：余曰：「『婿』上應補『婦之父母』四字。」按：六臣本無此十二字。此賦注有為尤本增大多者，已詳胡公《考異》。

【疏證】

尤本作「婿」。奎本以下諸六臣合注本悉無此十二字。謹案：《爾雅》，見《釋訓》，正作「婿」。又，《毛詩注疏·小雅·我行其野》「昏姻之故」鄭《箋》云：「嫁娶之月，婦之父，壻之父，相謂昏姻。」與《爾雅》略同。尤本當有別本所據。陳、何校蓋據尤本、《爾雅》等。余氏案，亦是。

而道元公嗣　注：賈弼之《山公表》注曰：肇生潭，字道元，大中大夫。次韶，字公嗣，射聲司馬。臣松之注：《魏志》引《劉曄傳》曰：楊暨字肇，晉荊州刺史，子潭，字道源。次韶，字公嗣。

【陳校】

注「楊暨字肇」。「字」，「子」誤。又「子潭字道源」。「子」上脫「肇」字，「源」，「元」誤。又引《劉曄傳》云云。按《魏志・田豫傳》「中領軍楊暨舉豫」注云：「臣松之案：暨事，見《劉曄傳》，暨子肇，晉荊州刺史」云云。《劉曄傳》中無「暨子肇」以下諸語，注微誤。

【集說】

胡氏《考異》曰：注「臣松之注《魏志》」下至「字公嗣」。袁本、茶陵本無此三十字。陳云：「按《魏志・田豫傳》：中領軍楊暨舉豫，注云：『臣松之案：暨事，見《劉曄傳》，暨子肇，晉荊州刺史云云。《劉曄傳》中無暨子肇以下諸語，注微誤。』」案：此或記於旁，而其人讀裴注未諦，尤延之輒取以增多耳，陳不知今所行《選》注，經尤校改，每非善舊，故尚不加遽斥，其實善無是語也。

梁氏《旁證》曰：注「楊暨字肇」。「字」字當作「子」。

許氏《筆記》曰：注「楊暨字肇」。「字」當作「子」，謂暨之子也。嘉德案：胡氏曰：「陳云：暨事，見《劉曄傳》，而《劉傳》無暨子肇以下諸語。」此注恐非善舊。

【疏證】

尤本脫悉同。奎本以下諸六臣合注本無此三十字。謹案：毛本誤從尤本，陳校據史注正之。但按本條「賈弼之《山公表》注」亦可證陳校之是。前胡云「陳不知今所行《選》注，經尤校改，每非善舊」，此亦前胡所謂「不能挈其綱維」者之一端也。

仰睎歸雲　注：傳殷《七激》曰

【陳校】

注「傳殷《七激》」。「殷」，舊作「毅」。

【集說】

余氏《音義》曰：「傳殷」。「殷」，何改「毅」。

【疏證】

奎本以下諸六臣合注本、尤本悉作「毅」。謹案:《隋書・經籍志》載:「後漢車騎司馬《傅毅集》二卷。」傅毅《七激》,見《後漢書》、《通志・傅毅傳》。本書潘正叔《迎大駕》「歸雲乘幰浮」注引此正作「傅毅《七激》」,其餘如張平子《西京賦》「裛以藻繡」注、潘安仁《西征賦》「紅鮮紛其初載」注、何平叔《景福殿賦》「文以朱綠」注等,不計內容,僅善引「傅毅《七激》」篇名者,尚有多處。本條,毛本獨因形近而譌,陳、何當據史志、本書內證、尤本等正之。

前瞻太室,傍眺嵩丘　注:今在陽成縣西。……《小說》曰:……或人問之曰:潘安仁作《懷舊賦》曰:前瞻太室,傍眺嵩丘。嵩丘、太室一山,何云前瞻、傍眺哉?(傅)亮對曰:有嵩丘山去太室十七里。此是寫書誤耳。

【陳校】

注「陽成」。「成」,舊作「城」。又「《小說》」,當作「《世說》」。見《藝文類聚》,今本《世說》無此條。又「有嵩丘山」。「嵩」,當作「崇」,二字昔多相混。如善進《文選表》「嵩山墜簡」,誤以「嵩」為「崇」。柳宗元《祭崔簡文》「崇山茫茫」,又誤以「崇」為「嵩」也。

【集說】

顧按:「《小說》」,殷芸撰。見《隋志》。

梁氏《旁證》曰:注「《小說》曰:昔傅亮。」孫氏志祖曰:「當是殷芸《小說》。」

朱氏《集釋》曰:注「《小說》曰」。孫氏謂云云。案:《禹貢錐指》云:「古時皆稱嵩高為太室,韋昭、戴延之則兼二室並稱,然前賢題詠,猶以太室稱嵩山,而少室仍其本名,故有嵩少之目。」余遍考《河南府志》、《登封縣志》,別無所謂「嵩邱山」者,則「嵩邱」即「嵩少」也,變文以叶韻耳。戴延之《西征記》:「嵩山東曰太室,西曰少室,相去十七里。」此注云「七十里」,殆誤倒與?注又引《河南郡圖經》曰:「嵩邱在縣西南十五里。」此縣當為「陽城」,《方輿紀要》云:「今登封縣有陽城廢城。少室山在縣西十七里。」

【疏證】

奎本以下諸六臣合注本、尤本悉作「城」、「小說」、「有嵩丘山」。謹案：毛本當從尤本。作「城」，陳校、朱說是。殷芸《小說》，見《隋志·經籍三》：「《小說》十卷。梁武帝勅安右長史殷芸撰。」然《藝文類聚》卷七作「俗說」，清·王琦《李太白集注》卷二、趙殿成《王右丞集箋注》卷十「嵩丘」注引《藝文類聚》並同。陳校可疑。「有嵩丘山」，似當從朱說，陳校亦非。

余總角而獲見　注：《毛詩》曰：總角草兮。

【陳校】

注「總角草兮」。「草」，舊作「丱」。

【疏證】

奎本以下諸六臣合注本、尤本悉作「丱」。謹案：《毛詩》，見《齊風·甫田》正作「丱」，本書袁彥伯《三國名臣序贊》「總角料主」注引同。作「丱」，是。《廣韻·諫韻》：「丱，古患切。幼稚也。」《說文》、經典作「丱」，通作「草」者，此因「丱」與「艸」，形近而譌耳。毛本獨誤，陳校當據《毛詩》、尤本等正之。

寡婦賦一首　潘安仁

少喪父母，適人而所天又隕　注：《家語》曰：少年十五，有適人之道。

【陳校】

注「少年十五」。「少」，「女」誤。

【集說】

余氏《音義》曰：「少年十五。」「少年」，何改「女子」。

【疏證】

奎本以下諸六臣合注本、尤本悉作「女年」。謹案：語見《周官義疏·地官司徒》、《儀禮義疏·昏禮》、《家語·本命解》等，皆作「女子」。本書禰正平《鸚鵡賦》「女辭家而適人」注引《家語》作「女」，陳、何校當據《家語》、本書內證等正之。

孤女藐焉始孩　注：《潘岳集・任澤蘭哀辭》曰：澤蘭者，任子咸之女也。涉三齡，未沒衰而殞。……遂為其母辭。

【陳校】

注「未沒衰而殞。」「衰」，「喪」誤。

【集說】

胡氏《考異》曰：注「潘岳集」下至「遂為其母辭」，袁本、茶陵本無此三十六字。

【疏證】

尤本作「喪」。奎本以下諸六臣合注本並無此三十六字。謹案：梅鼎祚《西晉文紀》卷十四、張溥《漢魏六朝百三家集・潘岳集》並題《為任子咸妻作孤女澤蘭哀辭》，並作「衰」。《禮記注疏・雜記下》：「有父之喪，如未沒喪而母死，其除父之喪也」注：「沒，猶竟也。」潘《辭》正仿《雜記》句例，此句蓋謂澤蘭三歲時，遭父喪，喪事未竟而夭折，故字必為「喪」而非「衰」。毛本及梅、張三家並誤。

又注：《左氏傳》：晉獻公使荀息侍奚齊。公疾，召之曰：以是藐諸孤辱大夫其若之何？注曰：言其幼稚，與語子縣藐。《廣雅》曰：藐，小也。《字林》曰：〔孩〕，小兒笑也。……《禮記・內則》曰：子生三月，孩而名。

【陳校】

注「荀息侍奚齊」。「侍」，「傅」誤。「辱大夫」，「大」上脫「在」字。「與語子」，「語」，「諸」誤。「孩兒名」，當作「咳而名」。舊本無《禮記》十二字為是。「咳而名之」，字本作「咳」，不必引也。

【集說】

余氏《音義》曰：「語子」。「語」，何改「諸」。

顧按：「咳」、「孩」，一字耳。

胡氏《考異》曰：注「使荀息侍奚齊。公疾，召之。」袁本、茶陵本無此十字。又曰：「辱大夫」下至「小兒笑也」，袁本、茶陵本無此三十一字。又曰：「《禮記・內則》曰」下至「孩兒名」，袁本、茶陵本無此十二字。

梁氏《旁證》曰：今《禮記》作「咳而名之。」此引有誤。

姚氏《筆記》曰：「孤女藐焉始孩」注引《禮記・內則》曰：「子生三月，孩而名之。」今《禮記》作「咳」。惟陸德明《音義》云「咳，一作孩。」得此注，可證。

許氏《筆記》曰：《說文》：「咳，小兒笑也。」古文咳从子。此注「孩而名」，當作「咳而名之。」嘉德案：咳、孩同字。今字行孩，注既引《內則》，則當作「咳而名之」。

【疏證】

尤本誤「侍」、脫「在」字、作「諸」、「孩」。奎本以下諸六臣合注本無凡五十三字。謹案：語見《左傳・僖公九年》，字正作「傅」、有「在」字、作「諸」。《禮記》，見《內則》，字作「咳」。《說文・口部》：「咳，小兒笑也。從口，亥聲。孩，古文咳，从子。」《匡謬正俗》：卷六《禮》云：「子生三月，父始孩而名之。」《白孔六帖》卷十八：「父母全而生之孩而名之。」尤本當據別本，毛本從尤本復有誤。陳、何校當據尤本、《禮記》等正之。顧、姚、許三氏說，皆有可取也。本條從顧批至前胡《考異》，可見顧校從「孩」、「咳」之辨至引六臣本校其異同，取舍之間，前後遞變，可見其校勘重大略、輕小節之風格：顧非不審通㠯，而就校《選》而言，固當以辨五十三字真譌為首務也。

覽寒泉之遺歎兮　注：《毛詩》曰：爰存寒泉。

【陳校】

注「爰存寒泉。」「存」，「有」誤。

【疏證】

奎本、尤本作「有」。明州本首誤入向注，然亦作「有」，贛本、建本踵之。謹案：語見《毛詩注疏・北風・凱風》，字正作「有」。本書曹子建《應詔詩》「爰有樛木」注、王康琚《反招隱詩》「寒泉傷玉趾」注、謝玄暉《齊敬皇后哀策文》「思寒泉之罔極兮」注引《毛詩》皆作「有」。毛本或涉上文「寒泉謂母存也」，或「存」、「有」形近偶誤。陳校當據《毛詩》、尤本等正之。

命阿保而就列兮　注：《列文傳》曰：齊孝孟姬曰：后妃下堂，必從傅母。

【陳校】

注「《列文傳》」。「文」，「女」誤。

【疏證】

奎本以下諸六臣合注本、尤本悉作「女」。謹案：語見《古列女傳·齊孝孟姬》篇，《後漢書·后紀》「居有保阿之訓」章懷注引，亦作「《列女傳》」，本書范蔚宗《後漢書·皇后紀論》注引同。毛本因形近獨誤，陳校當從《列女傳》、《後漢書》、本書內證、尤本等正之。

雞登棲而斂翼　注：《爾雅》曰：雞棲於弋為榤。……棲，雞宿處。

【陳例】

注「雞棲於弋為榤」。「榤，當作「榤」。

【集說】

胡氏《考異》曰：「《爾雅》曰」下至「棲，雞宿處」。袁本、茶陵本無此十九字。

【疏證】

尤本作「榤」。奎本以下諸六臣合注本無此十九字。謹案：《爾雅》，見《釋宮》篇，正作「榤」。毛本當從尤本而復形近而誤，陳校當從《爾雅》、尤本等正之。

仰神宇之寥寥　注：空廓，寥廓也。

【陳校】

注「寥廓也。」「廓」,「寥」誤。

【集說】

胡氏《考異》曰：注「空廓，寥廓也。」袁本、茶陵本下「廓」字作「寥」。案：陳云「廓，寥誤。」即據別本也。

【疏證】

尤本同。奎本以下諸六臣合注本下「廓」字正作「寥」，謹案：本書司馬長卿《難蜀父老》「猶鷦鵬已翔乎寥廓之宇」注引亦作「寥寥」。毛本當誤從尤本，陳校未云「舊本」，當據本書內證並正文正之。前胡謂陳「即據別本」，則當謂諸六臣注本耳。

飛旐翩以啟路　注：然旐，喪柩之旐也。

【陳校】

注「喪柩之旐」。「喪」，「表」誤。

【集說】

胡氏《考異》曰：注「喪柩之旐也。」茶陵本「喪」作「表」，袁本亦作「喪」。案：陳云：「喪，表誤。」亦據別本也。

【疏證】

奎本以下諸六臣合注本、尤本悉作「喪」。謹案：檢《禮記注疏·檀弓上》正義，《既夕士禮》而有二旐：一是銘旐。是初死，書名於上。即《士喪禮》：「為銘，各以其物書名於末，曰：『某氏某之柩。』置於西階上。」……二是乘車之旐。即《既夕禮》「乘車載旜。」亦在柩之前，至壙，柩既入壙，乃斂乘車所載之旐，載於柩車而還。比照本條，似當屬「乘車之旐」，然則，作「喪」是，而「表」為非。考曹植《卞太后誄》：「敢揚后德，表之旐旌；光垂罔極，以慰我情。」此或茶陵本所據。陳校或誤從之也。前胡又云陳校「據別本」，其所謂「別本」，此即茶陵本，非是他書。由此可見，與陳所謂「舊本」，本非同一內涵。

雷霏霏而驟落

【陳校】

「雷」，當作「雪」。

【疏證】

諸《文選》本咸作「雪」。謹案：注引丁儀妻《寡婦賦》及《毛詩》皆涉「雪」，正文自不得作「雷」，《藝文類聚》卷三十四引亦作「雪」。此毛本傳寫獨譌。陳校當據善注等正之。

霤泠泠而夜下兮，水溓溓以微凝　注：丁儀妻《寡婦賦》曰：霜凄凄而夜降，水溓溓而晨結。《說文》曰：霤，屋水流也。又曰：溓溓，薄冰也。

【陳校】

「水溓溓以微凝。」「水」，五臣作「冰」。

【集說】

梁氏《旁證》曰：六臣本「水」作「冰」。注「《說文》曰：『溓溓，薄冰也。』」今《說文》：「溓，薄冰也。」

朱氏《集釋》曰：注引《說文》曰：「溓溓，薄冰也。」案：今《說文》無「溓溓」二字。宋本作「薄水也」。《廣韻》有兩「溓」字：一云「薄冰也」，一云「薄水」。「水」，當是「冰」之壞字。

【疏證】

尤本同。五臣正德本及陳本作「冰」，奎本以下諸六臣合注本同，有校云：善本作「水」。謹案：《說文繫傳》徐鍇引潘《賦》亦作「水溓溓而微凝」。五臣良注曰：「溓溓，薄冰貌。言霤下及地，復凝為冰。」是五臣作「冰」之證。善本作「水」，則有：一，善引丁妻《賦》可證。《藝文類聚》卷三十四引丁妻《賦》亦作「水」。善與之同。二，李善引丁妻《賦》，乃揭橥潘賦出處，下句「水溓溓以微凝」與丁妻《賦》「水溓溓而晨結」，其義如印印泥。「微凝」，即是「晨結」，所言皆是「水」凝結為「霜」，而非結為「冰」，故正文必是「水」，而非「冰」。進而可推下引《說文》「又曰」，所言亦是水，而非冰。按《說文·水部》：「溓，薄水也。一曰：中絕小水。」《玉篇》云：「溓，薄也。大水中絕小水出也」所言並是水。段注《說文》云：「《玉篇》、《廣韻》作：大水中絕小水出也。當是古人所見完本，後奪誤為四字耳。謂大水中絕小水之流而出也。」「古人所見完本」，既如段說，則足證：「又曰」之「溓溓，薄冰也」云云，「溓溓」，當衍一字（非今本之脫，蓋古本如此）；「薄冰」，當「薄水」之譌。「又曰」云云，當係後人妄補，非為善注。蓋倘為善引，則與己上引丁妻《賦》，豈非自相扺牾？五臣則每欲求異善本，遂逕取「又曰」之說，而改「水」為「冰」，自以為得計，誤亦甚矣。朱氏云「《廣韻》有兩溓字」，「兩溓字」，非謂《廣韻》作「溓溓」字，而是言《廣韻》有兩處出現「溓」字。今按其書：一見於《廣韻·添韻》云：「溓，大水中絕小水出也。《說文》曰：薄水也。一曰中絕小水」；再見於《琰韻》：「溓，薄冰也。」《廣韻》引《說文》亦作「薄水」，再證《說文》從來無「薄冰」之說。《廣韻》有「薄冰」之釋，不能決其所據之隋人陸法言之《切韻》必無此解，然終究無作「溓溓」字者，則可以斷言，故不能動搖余「又曰云云，係後人妄補」之說。朱氏所言「今《說文》無溓溓二字。宋本作薄水也」，皆是事實，然謂「水，當是冰之壞字」說，據余上說，則大不然也。毛本當從尤本，不誤。陳校欲以五臣亂善，則非。

氣憤薄而乘胸兮　注：丁儀妻《寡婦賦》曰：氣憤薄而交榮。

【陳校】

注「交榮」。「榮」，「縈」誤。

【集說】

余氏《音義》曰：「交榮」。「榮」，何改「縈」。

梁氏《旁證》曰：《藝文類聚·哀傷部》載丁廙妻《寡婦賦》與此注所引語多出入，……此外，「氣憤薄而交縈，撫素枕而歔欷」、「顧悴貌之艴艴，對左右而掩涕」等句，則皆《類聚》所不載。見《旁證》「注丁儀妻《寡婦賦》」下。

【疏證】

奎本以下諸六臣合注本、尤本悉作「縈」。謹案：縈、榮二字，古文獻每見混淆，毛本不能免，陳、何嘗據上下文義正之。

容貌儡以頓顇兮　注：《家語》曰：……《禮記》曰：……鄭玄曰：儡，羸貌。

【陳校】

注「羸貌」。「羸」，舊作「臝」。

【集說】

胡氏《考異》曰：注「《家語》曰」下至「儡，羸貌」。袁本、茶陵本無此三十二字。

許氏《筆記》曰：六臣本注無《家語》、《禮記》二條。

【疏證】

尤本作「臝」。奎本以下諸六臣合注本並無此三十二字。謹案：「羸」、「贏」和「臝」三字得聲相近，故古文獻三字多見通用。參上司馬長卿《子虛賦》「雙鶬下」條。陳校不必改也。

夜既分兮星漢迴　注：《韓詩》曰：衛靈公至濮水

【陳校】

注「《韓詩》」。「詩」，「子」誤。

【疏證】

奎本以下諸六臣合注本、尤本悉作「子」。謹案：語見《韓非子・十過》篇。本書潘安仁《西征賦》「稅駕西周」注、曹子建《上責躬應詔詩表》「夜分而寢」注、嵇叔夜《養生論》「夜分而坐」注引，並作《韓子》。陳校當據《韓非子》、本書內證、尤本等正之。

超儻怳兮慟懷　注：《莊子》曰：君儻然若有況……。

【陳校】

注「君儻然若有況。」「有」下，脫「亡」字。

【集說】

胡氏《考異》曰：注「君儻然若有」，茶陵本「有」下有「亡」字。是也，袁本亦脫。

【疏證】

奎本以下諸六臣合注本、尤本並脫「亡」字。謹案：語見《莊子・庚桑楚》篇，正有「亡」字。陳校當據《莊子》、或有茶陵本等補之。

言陟兮山阿　注：《爾雅》曰：大陵曰何。

【陳校】

注「大陵曰何」。「何」，舊作「阿」。

【疏證】

奎本以下諸六臣合注本、尤本悉作「阿」。謹案：語見《爾雅注疏・釋地》，字正作「阿」。本書顏延年《秋胡詩》「弭節停中阿」注引鄭玄《毛詩》箋曰「大陵曰阿」亦不誤。此毛本涉上文「慟懷兮奈何」，或「何」、「阿」形近而獨誤。陳校當據《爾雅》、本書內證等正之。

哀鬱結兮交集，淚橫流兮滂沱　注：曰辭曰：鬱結紆軫兮。又楚涕流交集

【陳校】

注「曰辭曰」。上「曰」字，舊作「楚」。「又」下「楚」，當作「曰」。

【疏證】

奎本以下諸六臣合注本、尤本悉作「楚」、作「曰」。謹案：語見《楚辭·九章·懷沙》及《九歎·憂苦》。此毛本傳刻獨誤。陳校當據《楚辭》及上下文乙正之。

之死矢兮靡佗 注：《毛詩》曰：《柏舟》，共姜自誓也。衛世子共伯早死，其妻守義。父母欲奪而不許。注：共伯，僖侯之世子也。曹植《文帝誄》曰：願投骨於山足，報思養於下庭。《毛詩》曰：……又曰：髧彼兩髦，實我儀。……信無佗心。

【陳校】

注衍「《毛詩》[序] 曰：《柏舟》」以下三十一字。「曹《誄》」一條，當在上一條「班賦」後，又「報思養於下庭」。「思」，「恩」誤。又「實我儀。」「我」上，脫「維」字。

【集說】

胡氏《考異》曰：注「《毛詩》曰柏舟」下至「報恩養於下庭」。袁本、茶陵本無此五十五字。案：「恭姜」、「《柏舟》」、「歸骨」、「山足」，善均於上注迄，何得更有云云。觀此可知尤增多之無足取也。

【集說】

許氏《筆記》曰：「共姜」。注與下文錯亂。此注「衛世子」下脫「共伯」二字、「誓而不許」下，脫「共伯，僖侯之世子也」八字。「歸骨」注，末脫「曹植《文帝誄》曰：願投骨於山足，報思養於下庭」十八字。「同穴」注「《毛詩》曰《柏舟》」以下五十五字，即上注之脫文也。「《毛詩》曰：穀則異室」以下，方是此二句之注。

【疏證】

奎本首「毛詩」下有「序」字，「奪」下有「嫁之誓而」四字，無「注：共伯，僖侯之世子也」九字，無「曹植《文帝誄》」十八字，有「班婕好《自傷賦》」十九字，「我」上有「惟」字。餘同。尤本有五十五字。「恩」字不誤、「我」上有「惟」字。餘同。明州本、建本脫「《毛詩》曰《柏舟》」以下三十一字，餘同奎本。贛本惟「松柏」作「松栢」，餘同明州本。謹案：陳校所涉文字異同衍奪，實包括賦末自「蹈共姜兮明誓」至尾句「之死矢兮靡佗」三聯內容。造成尤本與六臣合注本善注之歧異，癥結要在五臣與善本科段之不同。五臣本（六臣合注本同）三聯為一段設注，善本（尤本）每聯為一段而設注。六臣合注本以奎本與尤本最為接近。比勘二本結果，尤本較奎本有三處衍文：「曹植《文帝誄》」一節、複出「《毛詩》曰《柏舟》」至「不許」一節、其後「注：共伯，僖侯之世子也。」一節。令人矚目的是「複出」一節：尤本早已引此注於首聯「詠栢舟兮清歌」下，竟然於末句下再現。追究其起因，決非善注之疏忽，祇有一個解釋：便是尤本（或其所祖單善注本）切割六臣本善注分繫三處時，忘其已有歸屬矣。此一版本現象，再次證實：清人言「單善注本從六臣合注本析出」之說是有根據的。末一節所謂《毛詩》「注」，見《毛詩・鄘風》鄭《箋》，它與曹《誄》一樣，不知出於誰手，陳校、前胡謂：「曹《誄》」當繫上「終歸骨兮山足」注「班婕妤《自傷賦》曰」下，其前提當確定為善注方可。本條尤本誤中又有誤：首「《毛詩》」脫「序」字，「奪」下脫「嫁之誓而」四字。毛本出尤本，復有誤，陳校謂誤「思」、脫「維」字，是也。

恨賦一首　江文通

江文通　注：劉璠《梁典》曰：江淹……祖耽，丹陽令。父母之，南沙令。淹少而沉敏，六歲能屬詩。

【陳校】

注「父母之」。「母」，「康」誤。

【集說】

余氏《音義》曰：「母之」。「母」，何改「康」。

胡氏《考異》曰：注「祖躭」下至「淹少而沉敏」，袁本、茶陵本無此十六字。

許氏《筆記》曰：注「父母之」。何改「父康之」。

【疏證】

尤本作「康」。奎本以下諸六臣本悉無上十六字。謹案：《南史》本傳、唐・林寶《元和姓纂》卷一「江淹」注悉作「父康之」。尤本蓋據別本補。陳、何校當從《南史》、尤本爾。

又注：自以孤賤……才思稍滅。前後二集並行於世。卒贈醴泉侯，謚憲子。宋桂陽王舉秀才。齊興，為豫章王記室，天監中，為金紫光祿大夫，卒。

【陳校】

注「才思稍滅。」「滅」，「減」誤。又「卒贈醴泉侯，謚憲子」八字，當在下「為光祿大夫卒」下。「贈」上衍一「卒」字。

【集說】

胡氏《考異》曰：注「自以孤賤」下至「謚憲子」。袁本、茶陵本無此六十五字。

姚氏《筆記》曰：何減「卒，贈醴泉候謚憲子」八字，移於「光祿大夫」下。

許氏《筆記》曰：何校「並行於世」下接「宋桂陽王」等句、「光祿大夫卒」下，接「贈醴泉侯謚憲子」七字。案：《梁書》、《南史》並云「封醴陵侯」。自注：此云「贈」，疑誤。

【疏證】

尤本作「減」，餘同。奎本、贛本、建本無此六十五字。明州本省作「善注同（翰）」。謹案：竊疑「卒贈」八字，似從《梁書》本傳移植。與上下文非出一手，重兩「卒」字，可證。此尤本疏漏未能辨。毛本從尤本復有誤，陳校當據上下文義改正。

至如秦帝按劍　注：《說苑》曰：秦始皇帝太后不謹，幸即嫪毒。

【陳校】

注「幸即嫪毒。」「即」，「郎」誤、「毒」，「毐」誤。

【疏證】

贛本、建本同。奎本、明州本、尤本作「郎」、「毐」。謹案：語見《說苑·正諫》，字正作「郎」、「毐」。《太平御覽》卷四百五十五引《說苑》作「郎」、誤「毒」。毛本當誤從建本等，陳校當從尤本等正之。

方架黿鼉以為梁　注：《紀年》曰：周武王三十七年伐紂，六起九師。

【陳校】

注「周武王……伐紂，六起九師。」「武王」，當作「穆王」、「伐紂」，當作「征伐」、「六」，當作「大」。

【集說】

胡氏《考異》曰：注「伐紂」，陳云：「伐紂，當作征伐。」案：所校是也，各本皆誤。《江賦》注引正作「征伐」。又曰：注「大起九師」，袁本、茶陵本無此四字。

梁氏《旁證》曰：「紂」，當作「楚」。六臣本「穆王」誤作「武王」，因並誤「伐楚」為「伐紂」耳。今本《竹書紀年》可證。本書《江賦》注引「伐紂」作「征伐」。

朱氏《集釋》曰：「伐紂」二字，其誤顯然。前《江賦》注亦引此文作「征伐」，而今本《竹書》無此二字，於「梁」下有云「遂伐越至于紆，荊人來貢」，當是也。否則，單言「征伐」，無所著矣，何以云「至九江」乎？

【疏證】

尤本作「穆王」、「伐紂」、「大起九師」。奎本以下諸六臣合注本作「武王伐紂，東至於九江」，無「六起九師」。《藝文類聚》卷九引《紀年》作：「周穆王三十七年，伐楚，大起九師。」《太平御覽》卷三百五引同《藝文類聚》，惟無「伐楚」二字。謹案：事見《竹書紀年・穆王》作：「三十七年，大起九師，東至于九江，架黿鼉以為梁。遂伐越至于紆。荊人來貢。」《紀年》上條「三十五年」云：「荊人入徐，毛伯遷。帥師敗荊人于泲。」所以三十七年有「荊人來貢」。然則，作「伐紂」、「伐楚」並非。本書《江賦》「驅八駿于黿鼉」注引作「周穆王三十七年，征伐，大起九師，東至于九江」，此當陳校所據也。朱說，亦是。

宮車晚出　注：《史記》王稽謂范雎曰：宮車一日晏駕，是事之不可知也。韋昭曰：凡初崩為晏駕者，臣子之心猶謂宮車晏駕而晚出。《風俗通》曰：天子夜寢早作，故萬機。今忽崩隕，則為晏駕。

【陳校】

注「晏駕而晚出」。「晏」，「當」誤。又「故萬機」。「故」下，脫「有」字。

【集說】

胡氏《考異》曰：注「《風俗通》曰」下至「則為晏駕」，袁本、茶陵本無此二十二字。

【疏證】

尤本作「當」、有「有」字。奎本、贛本作「當」字，無「《風俗通》曰」二十二字。謹案：《史記》見《范雎傳》「宮車一日晏駕」《集解》引「應劭曰：『天子當晨起早作，如方崩殞，故稱晏駕。』韋昭曰：『凡初崩為晏駕者，臣子之心，猶謂宮車當駕而晚出』」云云，《漢書・天文志》「四月，宮車晏駕」注同。《史、漢》注「晏」正作「當」。「《風俗通》曰」則作「應劭曰」，並無「故有萬機」云云。毛本之譌，陳校改「當」，是。「故萬機」之校，彼當從上下文義補「有」字，然亦未得要領也。

若乃趙王既虜，遷於房陵 注：《淮南子》曰：趙王遷流房陵，思故鄉，作山木之嘔……。高誘曰：趙王張敖。秦滅趙，虜王遷徙房陵。……山木之嘔，歌曲也。

【陳校】

注「作山木之嘔」。「嘔」，「謳」誤。下同。又「趙王張敖」。按：《史記・趙世家》：「趙王遷降」，《正義》亦引《淮南子》「遷流」之文，蓋七國之趙也。高誘誤以為「張敖」耳。一本無此四字為是。

【集說】

余氏《音義》曰：「趙王張敖」。六臣無。

顧按：「嘔」，即「謳」字。(「趙王遷降」)，《淮南・泰族訓》高注，本無此語。

胡氏《考異》曰：注「趙王張敖」，袁本、茶陵本無此四字。

梁氏《旁證》曰：此李引今《泰族訓》文。六臣本同，是也。尤本於「高誘曰」下，有「趙王張敖」四字，乃誤取增多，致為舛錯。非特高注並無此語，抑且漢時趙王張敖，不容與戰國時趙王遷，並為一人。《史記・趙世家》正義：亦引《淮南子》云「趙王遷」，明甚。毛本亦誤。

姚氏《筆記》曰：注「高誘曰」下，範校：滅「趙王張敖」。

許氏《筆記》曰：注「趙王張敖」四字，妄人所加。削。

【疏證】

尤本並同。奎本並作「謳」，無「趙王張敖」。明州本、建本並作「嘔」，餘同奎本。贛本上「謳」、下「嘔」，餘同奎本。謹案：事見《淮南子・泰族》

篇，字作「嘔」。高注無「趙王張敖」四字，如顧按。陳校主無此四字，是，然謂出高誘，則非也。此陳稱「一本」，上文所涉及諸本，惟尤本可當之。顧謂「嘔，即謳字。」亦是。《漢書．朱買臣傳》：「（其妻）數止買臣毋歌嘔道中」，即其證。毛本當誤從尤本耳。

至如李君降北　注：《漢書》：李陵為騎都尉頓步卒五千，出居延。

【陳校】

注「頓步卒（三）〔五〕千」。「頓」，「領」誤。

【集說】

余氏《音義》曰：「頓步」。「頓」，何改「領」。

胡氏《考異》曰：注「為騎都尉」下至「出居延」，袁本、茶陵本無此十二字。

【疏證】

尤本作「領」。奎本以下諸六臣合注本悉無此十二字。謹案：事見《漢書．武帝紀》，字正作「領」。荀悅《前漢紀．孝武五》作「將」，亦得。毛本因形近而誤，陳、何校當從《漢書》、尤本等正之。

朝露溘至　注：《楚辭》曰：寧溘死以流亡。王逸曰：溘，掩也。

【陳校】

注「溘，掩也。」「掩」，「奄」誤。

【疏證】

奎本以下諸六臣合注本、尤本作「奄」。謹案：「掩」從「奄」得聲，字當可通。《方言》卷三：「掩，同也。」戴震《疏證》：「掩、奄古通用。《詩．周頌》：『奄有四方』，毛《傳》：『奄，同也。』」唐．劉蛻《文泉子集．梓州兜率寺文冢銘》「在几閣而來歸兮，奄為塵垢；在耳目而來歸兮，奄視汝醜。」兩「奄」字下並有注「一作掩。」並是其證。毛本作「掩」，或有所本。陳校不必改焉。

握手何言　注：潘岳《邢夫人詩》曰：臨命相決，交腕握手。

【陳校】

注「《邢夫人詩》」。「詩」，「誄」誤。

【集說】

余氏《音義》曰:「人詩」。「詩」,何改「誄」。

【疏證】

贛本同。奎本、明州本、建本、尤本作「誄」。謹案:《潘岳集》未見此作。陳、何校當據尤本等改。

代雲寡色　注:《漢書》曰:凡望勃碣海代之間氣皆黑。

【陳校】

注「海代之間」。「代」,「岱」誤。[注同]。

【集說】

胡氏《考異》曰:「代雲寡色」。陳云:「代,岱誤。注同。」今案:二本不著校語。袁本善注中,字作「代」,茶陵本亦作「岱」,今《漢書・天文志》是「岱」字。

梁氏《旁證》曰:陳曰:「代,當作岱。注中引《漢書》同。」今《天文志》是「岱」字也。五臣尚不誤。

朱氏《集釋》曰:此所引見《天文志》,「代」,本作「岱」。「海岱」二字,《禹貢》成文,且相近,故言其雲氣如是。此處「代雲」與上「隴雁」為對,「隴」與「代」皆地名也,蓋即詩中「胡馬」「越鳥」、「隴雲」「秦樹」之比。若《漢書》作「代」,則不應與「海」連舉,注欲就《漢書》「雲氣」之語,改「岱」為「代」,失之。

胡氏《箋證》曰:陳氏景雲曰:「代,當作岱,注中引《漢書》同。」今《漢書・天文志》是「岱」字也。五臣本不誤。

【疏證】

尤本並注同。五臣正德本、陳本作「岱」。奎本、明州本、建本作「岱」,善注作「代」。贛本作「岱」,善注同。謹案:檢《漢書・天文志》作「凡望雲氣……勃碣海岱之間氣皆黑。」《史記・天官書》、《藝文類聚》卷三十亦作「岱」。五臣作「岱」,銑注可證。朱氏謂「海岱二字,《禹貢》成文」,是。善注亦當同《漢書》。此奎本注引《漢書》首誤,尤本當誤從明州本,並誤改正文。毛本當誤從尤本耳。陳校當據《漢書》等正之。本條,陳校祗有「代,岱誤」下,周鈔脫「注同」二字,循陳校例當有,今已據前胡校補足。本條再見後胡迻錄「陳校」，並因襲梁氏《旁證》。

望君玉兮何期 注：《鬻子》曰：君子欲緣五常之道而不失。

【陳校】

「望君玉兮何期。」「玉」，「王」誤。注「君子欲緣五常。」「子」，「王」誤。

【集說】

梁氏《旁證》曰：「望君王兮何期」，注「《鬻子》曰：君王」。六臣本「王」作「子」，誤也。彼注引《鬻子》尚不誤。毛本則正文不誤，而注中亦作「子」。

【疏證】

尤本並注作「王」。奎本、明州本作「子」，校云：善本作「王」。注作「王」。贛本、建本作「王」，校云：五臣作「子」。注作「王」。五臣正德本作「子」、陳本作「王」。謹案：《鬻子》作「君王欲緣五帝之道」。則正文自當作「王」。五臣作「子」誤，況五臣向注既涉「明妃」，亦不當作「子」矣。五臣陳本則已從尤本等改易。梁氏所謂「毛本」，與陳所據本不同。

及夫中散下獄 注：臧榮緒《晉書》曰：……呂安家事係獄，釁閱之始。……遂復收康。王隱《晉書》曰：嵇康妻，魏武帝孫，穆王林女也。

【陳校】

注「釁閱之始」。「閱」，當作「鬩」。又「穆王林女」。「穆」上脫「沛」字。

【集說】

胡氏《考異》曰：注「釁閱之始」，陳云：「閱，當作鬩。」是也，各本皆誤。又曰：「王隱《晉書》」下至「穆王林女也」。袁本、茶陵本無此十七字。

梁氏《旁證》曰：陳校「閱」改「鬩」。是也，各本皆誤。

【疏證】

尤本誤、脫同。奎本誤「閱」，無「王隱《晉書》」十七字。明州本、贛本並無「臧榮緒」及「王隱《晉書》」凡五十五字。謹案：釁鬩，謂兄弟間之嫌猜與紛爭。《新唐書·文德長孫皇后》:「時隱太子釁鬩已構，后內盡孝事高祖，謹承諸妃，消釋嫌猜。」是當為「釁鬩」之證。作「舋閱」，則不辭。奎本、尤本「閱」、「鬩」形近而譌。毛本當從尤本，陳校則從常識信手可正之。又，《魏志·武文世王公》云:「杜夫人生沛穆王林」，陳校或是，然奎本亦無此十七字，來歷有可疑。

車同軌　注:《楚辭》曰:屯余車其千乘，王逸曰:屯，陳也。

【陳校】

「車同軌。」「同」，舊作「屯」。

【集說】

余氏《音義》曰:「同」，六臣作「屯」。

孫氏《考異》曰:當從六臣作「屯」。

胡氏《箋證》曰:六臣本作「屯軌」。案:注引《楚辭》「屯余車其千乘」王逸曰:「屯，陳也。」明為正文「屯」字作注，則善本作「屯」不作「同」，此為後人所改。

許氏《筆記》曰:「同」當作「屯」。注文自明。嘉德案:注言榮貴之子車騎之多，則謂屯聚連續，作「同規」無義。汲古閣本皆譌作「同」。茶陵六臣本作「屯」，不誤。

【疏證】

諸《文選》本咸作「屯」。謹案:五臣作「屯」，向注可證。善注引《楚辭》並注亦足證善本作「屯」。本書干令升《晉紀總論》「天下書同文，車同軌」注引「《禮記》:子曰:『今天下書同文，車同軌。』」毛本獨因成文而誤，陳校當從善注等正之。

黃塵匝地　注:《山陽公載記》曰:賈詡鳴鼓雷震，黃塵蔽天。

【陳校】

注「賈謝鳴鼓雷震」。「謝」,「詡」誤。

【疏證】

明州本、贛本、建本誤同。奎本、尤本作「詡」。謹案:本書《藉田賦》「黃塵為之四合兮」注引《載記》，正作「賈詡」。毛本當誤從建本等，陳校當據本書內證、尤本等正之。

無不煙斷火絕 注：王充《論衡》曰：人死而智不彗。

【陳校】

注「人死而智不彗。」「彗」，舊作「慧」。

【集說】

余氏《音義》曰：「不彗」。「彗」，何改「慧」。

【疏證】

明州本、贛本、建本、尤本作「慧」。奎本作「惠」。謹案：《論衡》卷二十作「慧」。佛教言了悟為慧。陳、何校當據《論衡》、尤本等改，是也。「惠」，與「慧」通。《世說新語・夙惠》：「何晏七歲，明惠若神。」《後漢書・仲長統傳》：「純樸已去，智惠已來」，並是其證。然則，奎本亦不誤。

別賦一首 江文通

掩金觴而誰御，橫玉柱而霑軾 注：論曰：鼓瑟者於絃設柱，然瑟有柱以玉為之。袁叔《正情賦》曰：……陳玉柱之鳴箏。

【陳校】

注「論曰：鼓瑟者」。「論」字疑。「瑟」，「琴」誤。「袁叔」。「叔」，當作「淑」。

【集說】

汪氏《權輿》曰：「袁淑《正情賦》」注：「志祖案：『江文通《望（金）［荊］山詩》注引作枚叔。誤。』」見《注引群書目錄》

胡氏《考異》曰：注「論曰」下至「以玉為之」十七字，袁本、茶陵本無此十七字。又曰：注「袁叔《正情賦》曰」茶陵本「叔」作「淑」，是也。袁本亦誤。

梁氏《旁證》曰：六臣本「叔作淑」。是也。

許氏《筆記》曰：「論曰」。「論」上疑有脫誤。嘉德案：茶袁本皆無「論曰」至「為之」注十七字。

【疏證】

尤本「瑟」作「琴」，餘同。奎本、明州本、建本誤「叔」、無「論曰」以下十七字。贛本作「淑」，餘同奎本等。謹案：本書江氏《望荊山詩》「玉柱空掩露」注引正作「淑」，《記纂淵海》卷八十一「解蘊霹之衣裳」注、《九家集注杜詩・冬日洛城北謁玄元皇帝廟》「露井凍銀床」注引「《正情賦》」，並作「淑」。毛本誤從尤本，陳校當從本書內證等正之。《白孔六帖》卷六十二有「瑟有柱以玉為之」七字，注曰：「呂延（齊）〔濟〕《文選・別賦》注。」元・熊朋來《瑟譜・後錄》云：「蔡邕云：『瑟前其柱，則清；後其柱，則濁』」注：『古者瑟柱以玉為之。』」皆從五臣說，然則，「瑟」，尤本改「琴」，未必是也。陳校蓋從尤本。

居人愁臥，怳若有亡　注：《莊子》曰：居惝然若有亡。

【陳校】

注「居惝然若有亡。」「居」，「君」誤。

【集說】

胡氏《考異》曰：注「《莊子》曰：君惝然若有亡」，袁本此九字作「若有亡，已見上文注」八字。是也，茶陵本複出而誤。

【疏證】

贛本誤同。尤本作「君」，建本同。奎本、明州本作「若有亡，已見上文」，「文」下脫一「注」字。謹案：《莊子》見《徐無鬼》篇，字正作「君」。本書《長門賦》「魂迋迋若有亡」注引作「君」。此即前胡引袁本「上文」也。前胡說是。贛本複出，又因涉上文「居人」字而誤，毛本或誤從贛本。陳校當據《莊子》、本書內證、尤本等正之。尤本、建本雖是，然複出亦非。袁本最是。

知離夢之躑躅　注：《說文》曰：蹢躅，任足也。

【陳校】

注「任足也」。「任」，「住」誤。

【疏證】

明州本、贛本、建本誤同。奎本、尤本作「住」。謹案：語見《說文・足部》「蹢」，字正作「住」，本書陸士衡《招隱詩》「振衣聊躑躅」注、《古詩十九首（東城高）》「沈吟聊躑躅」注引並同，而司馬紹統《贈山濤》「撫劍起躑躅」注引《說文》亦誤「任」。陳校當從《說文》、本書內證、尤本等正之。

送客金谷　注：石崇《金谷詩序》曰：有別廬在河內縣金谷澗中。

【陳校】

注「河內縣」。「內」，當作「南」。

【集說】

胡氏《考異》曰：注「在河內縣」。陳云：「內，當作南。」案：此據《金谷集詩》注引校也。

梁氏《旁證》曰：陳曰云云。胡公《考異》曰「此據」云云。

【疏證】

奎本以下諸六臣合注本、尤本悉誤。謹案：《晉書·劉琨傳》曰：「時征虜將軍石崇，河南金谷澗中有別廬。」前胡所謂「《金谷集詩》注」，即本書潘安仁《金谷集作詩》「石子鎮海沂」注引石崇《金谷詩序》「在河南縣界金谷澗。」檢《水經注·穀水》引石氏《敘》亦作「在河南界金谷澗中。」毛本當從尤本等，陳校當從《晉書》、本書內證等正之。

驚駟馬之仰秣　注：《韓詩外傳》曰：匏巴鼓瑟而六馬仰抹。

【陳校】

注「仰抹」。「抹」，「秣」誤。

【疏證】

尤本注作「秣」，注同。奎本以下諸六臣合注本並作「秣」，校云：善本作「抹」。奎本、明州本注作「抹」；贛本、建本注則作「秣」。謹案：今本《韓詩外傳》卷六作「伯牙鼓琴而六馬仰秣」。贛本注與校語齟齬。奎本校語與注引《外傳》一致。頗疑善見古本《外傳》或作「抑抹」，與今本不同，如善見《外傳》作「匏巴鼓瑟」，今本作「伯牙鼓琴」然。「抑抹」者，琴瑟之指法也。檢宋·陳暘《樂書·樂圖論·琴瑟下》「以至玉牀、響泉、韻磬、清英、怡神之類，名號之別也；吟木、沉散、抑抹、剔操、擽擘、倫齪、綽璅之類，聲音之法也。」後人不解其訓，因他書有作「仰秣」者，遂改古本《外傳》，此即今本《韓詩外傳》作「仰秣」之由來。五臣作「仰秣」，良注可證。奎本所見善本仍誤本，然尚保留「抹」一字之真。毛本當從六臣合注本校語，改注為「抹」，而不能並改「仰」字，尤本則當從贛本，以求與正文一致，不知此乃以五臣亂善矣。

少年報士　注：《漢書》又曰：少年慕其行，亦輒為執讐。

【陳校】

注「亦輒為執讐。」「執」，「報」誤。

【疏證】

奎本以下諸六臣合注本、尤本悉作「報」。謹案：《漢書》，見《游俠・郭解傳》，正作「報」，《史記》同。此毛本獨傳寫形近而譌，陳校當從《漢書》、《史記》等正之。

吳宮燕市　注：《史記》又曰：帝若無人。

【陳校】

注「帝若無人。」「帝」，「旁」誤。

【集說】

胡氏《考異》曰：注「旁若無人。」袁本、茶陵本無此四字。

【疏證】

尤本作「旁」。奎本以下諸六臣合注本並無「旁若無人」四字。謹案：《史記》，見《刺客列傳・荊軻》，正作「旁」。本書左太沖《詠史詩》「哀歌和漸離，謂若傍無人」、曹子建《與吳季重書》「謂若無人」注引《史記》並作「傍」。《廣韻・唐韻》：「傍，亦作旁。側也。」「帝」，毛本獨傳寫形近而譌，陳校當據《史記》、本書內證、尤本等正之。

金石震而色變　注：燕丹太子曰。

【陳校】

注「燕丹太子曰。」「太」字，衍。

【集說】

胡氏《考異》曰：注「燕丹太子曰。」陳曰云云。是也，各本皆衍。

梁氏《旁證》曰：陳校去「太」字。是也，各本皆衍。

【疏證】

奎本以下諸六臣合注本、尤本衍同。謹案：本書任彥昇《王文憲集序》「望側階而容」注衍同。「燕丹子」，書名。見《隋書·經籍三》：《燕丹子》一卷。注：「丹，燕王喜太子。」本書盧子諒《覽古詩》「揮袂睨金柱」注、盧子諒《答魏子悌》「豈謂鄉曲譽」注、謝靈運《過始寧墅》「揮手告鄉曲」注、陸士衡《挽歌詩》「鴻毛今不振」注、江文通《詣建平王上書》「實佩荊卿黃金之賜」注、「亦當鉗口吞舌」注、司馬子長《報任少卿書》「戰士為陵飲血」注等引，並無「太」字。毛本當誤從尤本等，陳校當從《隋書》、本書內證等正之。

骨肉悲而心死　注：《史記》曰：聶政……屠腸而死。

【陳校】

注「屠腸而死。」「腸」，舊作「腹」。

【疏證】

奎本以下諸六臣合注本、尤本悉作「腹」。謹案：《史記》見《刺客列傳·聶政》，作「自屠出腸」。《古今合璧事類備要》別集卷十一「里名深井」注引同。宋·鮑彪《戰國策校注·韓策》「抉服屠腸」注：「吳氏補曰：一本『自屠出腸。《史》、姚同。』」然則，毛本「屠腸」亦有來歷，或李善所據《史記》與今本異同，或李善省用《戰國策》語。陳校所據「舊本」同尤本等作「腹」，亦得，如毛本作「屠腸」，亦不必改。

或乃邊郡未和　注：羽障徼曰邊郡。

【陳校】

注「羽」。舊作「有」。

【集說】

余氏《音義》曰：「羽障徼」。「羽」，何改「有」。

【疏證】

奎本以下諸六臣合注本、尤本悉作「有」。謹案：《漢書·王莽傳中》作：「有鄣徼者，曰邊郡」，《通志·王莽傳》、《冊府元龜》卷九百十二引同。《漢書》等「徼」下有「者」字，為穩。吳語「羽」、「有」音近，此或毛本致誤之緣由。陳、何校當據《漢書》、尤本等正之。

雁山參雲　注：《孟子》曰：太山之高，參天入雲。

【陳校】

注「《孟子》曰。」「子」下，脫「注」字。

【集說】

余氏《音義》曰：六臣「曰」上有「注」字。

胡氏《考異》曰：注「《孟子》曰」。袁本、茶陵本「曰」上有「注」字，是也。又《送應氏詩》注引各本皆無「注」字，蓋脫。

梁氏《旁證》曰：六臣本「曰」上有「注」字。是也。本書曹子建《送應氏詩》注、謝靈運《登臨海嶠詩》注引此並脫「注」字，而今趙注及《章指》俱無之，或劉熙、綦毋邃、陸善經三家之語也。

許氏《筆記》曰：注「《孟子》曰。」六臣本作「《孟子》注」。

【疏證】

奎本、尤本脫。明州本、贛本、建本有「注」字。謹案：今本《孟子》及趙注未見此語，《白孔六帖》卷五「參天入雲」注引「《李善注文選》：太山之高，參天入雲」。「曰」上「注」字當有。本書惟謝靈運《登臨海嶠初發疆中作與從弟惠連——》「高高入雲霓」注引有「注」字。曹子建《送應氏詩》「荊棘上參天」注引亦脫。毛本當誤從尤本等，陳校當據本書內證及六臣合注本等補之。

送愛子兮霑羅裙　注：《左氏傳》：趙盾曰：括，君趙氏之愛子。

【陳校】

注「君趙氏之愛子。」「趙」，舊作「姬」。

【疏證】

奎本以下諸六臣合注本、尤本悉作「姬」。謹案：語見《春秋左傳注疏・宣公二年》，字正作「姬」。《通志・趙盾傳》同。毛本獨涉上文而誤，陳校當從《左傳》等正之。、陳之「舊本」，上述諸《文選》本皆可當之。

視喬木兮故里　注：王充《論衡》曰：睹喬木知舊都。孟子見齊宣王：

所謂故國者，非謂有喬木之謂也。臣非但見其高大樹木也，為有累世修德之臣也。

【陳校】

注「臣非但」。舊本「臣」上，有「有世」二字、「臣」下，有「之謂也注」。又「為有累世」。「為」作「當」。

【集說】

余氏《音義》曰：「臣非為」。「臣」，何改「注」。

胡氏《考異》曰：注「孟子見齊宣王」下至「修德之臣也」。袁本、茶陵本無此三十字。

梁氏《旁證》曰：尤本有此三十（二）字。字句譌脫，當是傳寫之譌。袁本刪之。元槧本作「孟子見齊宣王：所謂故國者，非謂有喬木之謂也，有世臣之謂也。臣非但見其高大樹木也，為有累世修德之臣也。」是全引《論衡》語。毛本同，而脫「有世臣之謂也」一句。

姚氏《筆記》曰：注，範校：「謂也」下，落「有世臣之謂也」六字；「非但」上，滅「臣」字、增「趙岐注曰」四字。

【疏證】

奎本以下諸六臣合注本悉作：「《孟子》曰：故國者，非為有喬木，有世臣也。」尤本有此「《孟子》曰」十五字外，復據別本補入「孟子見齊宣王曰：所謂故國，世臣之謂。注：非但見其木，當有累世修德之臣也」三十字。謹案：此三十字，乃節《孟子注疏．梁惠王下》文：「孟子見齊宣王曰：所謂故國者，非謂有喬木之謂也，有世臣之謂也。注：故者，舊也。喬，高也。人所謂是舊國也者，非但見其有高大樹木也，當有累世修德之臣」。據梁校，毛本同元刻本（惟奪一句）。元刻本即張伯顏重翻尤本，此乃毛本近宗，故梁校此說可信。張本擅改尤本，合趙注與孟文為一體，故有「注」、「為」之譌，毛本復脫「有世臣之謂也」一句，陳校並以尤本補正之，故陳校無一條，不與被校本毛本及所據本尤本榫合斗接者。梁校證毛本同元刻本，可為余舊說「毛本出重翻元張伯顏本」之佐證。然梁謂「睹喬木知舊都」至「修德之臣也」一節「全引《論衡》語」，則祇為梁一家之言，檢《論衡．佚文篇》，實惟載「睹喬木知舊都」一句而已。

可班荆兮贈恨 注：《方氏傳》曰：楚聲子與伍舉俱楚人。舉將奔晉。

【陳校】

注「《方氏傳》」。「方」，「左」誤。

【集說】

余氏《音義》曰：「《方氏傳》」。「方」，何改「左」。

【疏證】

奎本以下諸六臣合注本、尤本悉作「左」。謹案：事見《左傳・襄公二十六年傳》。本書王簡栖《頭陀寺碑文》「班荆蔭松者久之」注引正作「左」。此毛本傳寫偶誤。陳、何當從《左傳》、本書內證、尤本等正之。

同瓊珮之晨熠 注：《毛詩》曰：將翺將翔，珮玉群琚。司馬相如《姜人賦》曰：金爐香熏。

【陳校】

注「珮玉群琚」。「群」，「瓊」誤。「《姜人賦》」。「姜」，「美」誤。

【疏證】

奎本以下諸六臣合注本、尤本悉作「瓊」、「美」。謹案：本書《日出東南隅行》「瓊珮結瑤璠」引《毛詩》作「瓊」，不誤。「金爐香熏」句，見《北堂書鈔》卷一百三十五「金爐香熏」注、《龍筋鳳髓判》卷三「對黼帳以兢魂」注引，並作「司馬相如《美人賦》」。毛本當傳寫而誤，陳校當從本書內證、尤本等正之。

君結綬兮千里 注：顏延年《秋胡詩》曰：……結綬登王基。

【陳校】

注「結綬登王基。」「基」，舊作「畿」。

【集說】

胡氏《考異》曰：注「顏延年」下至「結綬登王畿」，袁本、茶陵本無此十七字。

【疏證】

尤本作「畿」。奎本以下諸六臣合注本並無此十七字。謹案：顏詩載在本書，正作「畿」，《藝文類聚》卷十八、陳・徐陵《玉臺新詠》卷四並同。毛本因音近而誤，陳校當從本書內證、尤本等正之。

惜瑤草之徒芳　注：宋玉《高唐賦》曰：精魂為草，實為靈芝。

【陳校】

注「實為靈芝」。「為」，舊作「曰」。

【集說】

姚氏《筆記》曰：注：「宋玉《高唐賦》曰：『我帝之季女名曰瑤姬，未行而亡，封于巫山之臺。精魂為草實曰靈芝。』」鼐云：「今宋玉《賦》無此語。」余案：江淹《擬潘岳述哀詩》注亦引，止四句。但，《宋玉集》，疑皆附益成之，又按《水經注》引此亦與《別賦》注同，六句。

【疏證】

奎本以下諸六臣合注本、尤本作「曰」。謹案：《高唐賦》載在本書，未見二句。《太平御覽》卷三百八十一引亦作「為」字，《水經注・江水》同。「為」、「曰」在此義同，況有上述二證，陳校不改亦得。陳校但據《文選》，亦狹。

晦高臺之流黃　注：張載《擬四愁詩》曰：便以報之流黃素。

【陳校】

注「便以報之」。「便」，「何」誤。

【疏證】

奎本以下諸六臣合注本、尤本悉作「何」。謹案：《藝文類聚》卷三十五、《太平御覽》卷八百一十四、卷八百二十並作「何」。史容注《山谷外集・奉答茂衡惠紙長句》「明于機上之流黃」注引「《文選・別賦》注」，正作「何」。張詩，本書選一首，有句云「何以贈之雙南金」，四詩句例相同，由此亦可推得當作「何」字。毛本當傳寫而誤，陳校當從尤本等正之。

春宮閟此青苔色　注：毛萇《詩傳》曰：門，閉也。

【陳校】

注「門，閉也」。「門」，「閟」誤。

【疏證】

奎本以下諸六臣合注本、尤本悉作「閟」。謹案：語見《毛詩注疏·魯頌·閟宮》，《傳》正作：「閟，閉也。」本書左太沖《魏都賦》「閟象竹帛」舊注，引毛萇《詩傳》亦作「閟，閉也。」毛本傳寫偶誤，陳校當據《毛詩》、本書內證、尤本等正之。

儻有華陰上士，服食還山　注：《列仙傳》：修芊者，魏人也。華陰山下石室中有龍石，段其上。取黃精食之。後云不知所之。

【陳校】

注「段其上」。「段」字，疑。

【集說】

顧按：今《列仙傳》作「臥」。

胡氏《考異》曰：「儻有華陰上士，服食還山。」袁本、茶陵本「山」作「仙」。校語云：「善無此二句」。案：此不當無。傳寫脫也。或尤即以所見五臣補之，故與二本「山」、「仙」不同。又曰：注「《列仙傳》：修芊者」下至「不知所之」。袁本、茶陵本無此三十三字。此亦尤增多也。蓋本並脫正文與注一節，而所謂真善注云何，無由知已。

梁氏《旁證》曰：六臣本「山」作「仙」。校云：「善無此二句」。蓋所見傳寫偶脫耳。

【疏證】

尤本作「山」、注作「叚」。奎本以下諸六臣合注本正文「仙」下，校云：「善本無此二句」。無此注三十三字。是六臣合注本之祖。謹案：《列仙傳》，見卷上《脩羊公》，正作「臥」。毛本「叚」，誤從尤本。前胡說未必是，尤本所補文有「仙」、「山」之別，其注三十三字，或有別本所據。

駕鶴上漢　注：《列仙傳》曰：王子一，……道士孚丘公妾上嵩高。……曰：告我家七月七日，待我緱氏山下。雷次宗《豫章記》曰：洪井有鸞岡、鶴嶺。舊說：洪崖先生與子晉乘鸞所憩於此。

【陳校】

注「王子一」。「一」，舊作「晉」。「孚丘」。「孚」作「浮」。「妾上嵩高」。

「妾」作「接」。「待我緱氏山下」。「下」上舊本有「頭，果乘白鶴住山」七字。「乘鸞所憩於此」。「所」，「鶴」誤。

【集說】

余氏《音義》曰：「所憩」。「憩」，何改「鶴」。

胡氏《考異》曰：注「《列仙傳》曰：王子晉」下至「憩於此」，袁本、茶陵本無此一百四字。

姚氏《筆記》曰：按：「緱氏」下，落「山頭果乘白鶴住」七字。「所」，「鶴」字誤。「此」下，落「處按鸞岡西有鶴嶺」八字。

【疏證】

尤本作「晉」、「浮」、「接」。有「頭，果乘白鶴住山」七字、作「鶴」。奎本以下諸六臣合注本無上一百四字。謹案：本書何敬祖《遊仙詩》「羨昔王子喬」注引《列仙傳》作：「王太子晉」、「浮」、「接」、有「果乘白鶴駐山頭」七字。《列仙傳》，見《王子喬》篇，作「王太子晉」、「浮」、「接」，無「頭，果乘白鶴住山」七字。《太平御覽》卷三十一、卷三十九兩引並有「果乘白鶴駐山嶺」七字。《藝文類聚》卷六、《太平御覽》卷五十三、《水經注・贛水》及《北堂書鈔》卷一百五十七、《白孔六帖》卷九十四「鸞崗」注引雷《記》並作「乘鸞所憩之處也」。毛本出尤本，而有「一」「孚」、「妾」之譌，復脫「果乘白鶴駐山嶺」七字。至於「所」字，則未必誤矣。上引五書可證。陳校當從本書內證、《列仙傳》尤本等正之。謹又案：關於善注承譌混淆「王喬」為「王子晉」案，可參上《遊天台山賦》「王喬控鶴以沖天」條。

暫游萬里，少別千年　注：《神仙傳》曰：若士者，仙人也。燕人盧敖者，秦時遊北海，而見若士。曰：一舉而千里。今子始至於此，乃語窮，豈不陋哉？馬明先生隨神女還岱，見安期生。

【陳校】

注「見（落）［若］士」下，有脫字。「乃語窮」下，有脫字。「馬明」下，衍「先」字。

【集說】

余氏《音義》曰：「馬明先」，何「先」字刪。

顧按：（「先」字）《升天行》注，亦有。

胡氏《考異》曰：注「而見若士曰」。袁本、茶陵本重「若士」二字，是也。

【疏證】

尤本同。奎本、明州本、贛本重「若士」，餘同。謹案：奎本等重「若士」，是。若士事，亦見《淮南子·道應》篇、《論衡·道虛篇》，二家「乃語窮」下，並有「觀，豈不亦遠哉？然子處矣」云云，故至少得補一「觀」字，語方完矣。「馬明先生」，此蓋誤「馬明生」為「馬明」。《初學記》卷五、《藝文類聚》卷八十七引並作「馬明生」，《太平御覽》卷九百六十五作「馮明生」，當是一人。又，《北堂書鈔》卷一百三十三「金牀」注、《初學記》卷二十五「仙人石」注並引「《馬明生別傳》」云云。陳、何校蓋據《馬明生別傳》改，是也。顧氏所云「《升天行》注」，見本書「蹔游越萬里，近別數千齡」句下，亦衍「先」字。

謝主人兮依然　注：《說文》曰：謝，辭也。

【陳校】

注「謝，辭也。」「辭」下，脫「別」字，見郭景純《游仙詩》注。

【疏證】

奎本以下諸六臣合注本、尤本悉脫。謹案：今本《說文·言部》作「謝，辭去也。」本書《魏都賦》「僀墨而謝」、枚叔《七發（楚太子有疾》「太子曰：憊謹謝客」善注並脫一字，而郭景純《游仙詩（京華）》「長揖謝夷」注「辭」下有「別」字。毛本脫當誤從尤本等，陳校則據本書內證補之。此亦前胡漏錄漏校者。

下有芍藥之詩　注：《詩·溱洧章》：刺辭也。……莫之能救云。

【陳校】

注「刺辭也。」「辭」，「亂」誤。

【集說】

胡氏《考異》曰：注「《詩·溱洧章》」下至「莫之能救云」，袁本、茶陵本無此二十四字，有「《毛詩》曰」三字。

【疏證】

尤本作「乱」，即「亂」字。奎本、贛本、建本無此二十四字，有「《毛詩》曰」三字。明州本省作「善同濟注」。謹案：《詩》語，見《毛詩・鄭風・溱洧序》，正作「亂」字。毛本因形近而譌，陳校當據毛《詩》、尤本等正之。然參下文「桑中衛女，上宮陳娥」注作：「毛（萇）[詩]《桑中章》曰：『期我乎桑中，要我乎上宮送我』」句例，可推本條當作「《毛詩・溱洧章》曰：『維士與女，伊其相謔』」云云，然則，尤本與諸六臣合注本並失善本之舊，遑論毛本哉。

佳人之歌 注：《漢書》李延年歌曰：北方有住人。

【陳校】

注「有住人」。「住」，「佳」誤。

【疏證】

奎本以下諸六臣合注本、尤本悉作「佳」。謹案：李歌，見《漢書・外戚傳孝武李夫人》，字正作「佳」。《藝文類聚》卷十八、《太平御覽》卷一百三十六等引並同。本書《西京賦》「一顧傾城」注、顏延年《秋胡詩》「傾城誰不顧」注引並作「佳」。此毛本傳寫偶譌，陳校當從正文、《漢書》、本書內證等正之。

桑中衛女，上宮陳娥 注：毛萇《桑中章》曰：……送我於淇水之上。又《竹竿章》：衛女思歸……。女子有行，遠父母兄弟。箋云：行，道也。女子之道當嫁耳。不以答違婦道也。又《燕燕章》，衛莊姜送歸妾也。（注）〔箋〕：莊姜無子，陳女戴媯生子名安，莊姜以為子。……作詩以見己志。

【陳校】

注「毛萇」，「萇」，「詩」誤。「不以答違婦道」。「答」上脫「不」字。「生子名安」。「安」，「完」誤。按：下有「芍藥」之詩七韻，皆敘風懷事。注引《燕燕》、《竹竿》二詩以釋，並與本事無涉，蓋誤解也。桑中、上宮皆衛地，賦中「衛女」即謂「桑中」之女，但「陳娥」未詳。或言：「申公巫臣惑夏姬，人譏其有『桑中』之喜。本當云：『上宮衛女，桑中陳娥。』今互言之者，猶《恨賦》中之『危涕墜心』及本賦『心折骨驚』之比。注家所謂『江氏愛奇，故互文見義』者也。」以作者文體例之，理或然歟？

【集說】

胡氏《考異》曰：注「桑中章」，袁本、茶陵本無此三字。又曰：注「送我於淇之上」下至「作詩以見已志」。袁本、茶陵本無此一百五十二字。陳云：「注引《燕燕》、《竹竿》二詩並與本事無涉，蓋誤解也」云云，亦因不知此非善注耳。

張氏《膠言》曰：「桑中衛女，上宮陳娥。」雲璈按：「上宮」，當屬「衛女」，而綴以「陳娥」，恐是牽率誤用。注乃以《燕燕》之「戴嬀」當之，竟與淫女並舉，殊謬。

梁氏《旁證》曰：姜氏皋曰：「按戴嬀大歸，雖與賦別關合，未免不倫。陳娥，或指《株林》之夏姬。」又，陳曰：「此引二詩與本事無涉，蓋誤解也。」胡公《考異》曰：「陳亦未知此非善注耳。」

朱氏《集釋》曰：注引《邶風・燕燕章》衛莊姜送歸妾陳女戴嬀事。案：張氏《膠言》因上句云「桑中衛女」，此「與淫女並稱」，斥注為謬。余謂：上宮，衛地，而《桑中》詩連用之。今以屬戴嬀，自是賦家語病，但此處專主女子之送別。《桑中》詩言「送我乎淇之上」，《燕燕》亦在衛而送陳女之詩，注不援此為證，則更有何者可指乎？非李氏之過也。

【疏證】

尤本作「毛詩」、脫「不」字、作「安」。奎本以下諸六臣合注本無「桑中章」三字、無注「送我於淇之上」以下一百五十二字。謹案：語見《毛詩注疏・衛風・竹竿》鄭《箋》：「答」上正有「不」字；《邶風・燕燕》鄭《箋》，「安」字正作「完」。本條陳校兼論注之未當，然不知此非善注，故終不免前胡「齗齗」之譏矣。梁則一歸於前胡之說。

至乃秋露如珠　注：陸雲《芙蓉詩》曰：盈盈河上露。

【陳校】

注「盈盈河上露。」「河」，舊本作「荷」。

【疏證】

奎本以下諸六臣合注本、尤本悉作「荷」。謹案：河、何、荷三字音同可通。《廣雅・釋水》：「河，何也。」《爾雅・釋天》：「何鼓謂之牽牛」，本一作

「河」。《說文・人部》:「何，儋也。」段注:「何，俗作荷。」毛本蓋從別本，陳校所謂「舊本」，上諸《文選》本皆可當之。

使人意奪神駭，心折骨驚 注：《左傳》：衛太子檮曰：無折骨。

【陳校】

注「太子檮曰」。「檮」，「禱」誤。

【疏證】

奎本以下諸六臣合注本、尤本悉作「禱」。謹案：事見《春秋左傳注疏・哀公三年》，正作「禱」，《太平御覽》卷三百七十五、七百三十六引並同。此毛本獨因形近而誤，陳校當從《左傳》、尤本等正之。

金門之諸彥 注：《史記》曰：金門，官者署。

【陳校】

注「金門，官者署。」「官」，「宦」誤。

【疏證】

奎本以下諸六臣合注本、尤本悉作「宦」。謹案:《史記》，見《滑稽列傳・東方朔》云:「金馬門者，宦署門也」，《藝文類聚》卷六十三引同。本書《兩都賦序》「內設金馬石渠之署」注引同。此毛本獨傳寫譌也，陳校當從《史記》、本書內證、尤本等正之。

蘭臺之羣英 注：傅毅、班固等為蘭臺令，是也。

【陳校】

注「蘭臺令是也」。「令」下脫「史」字。

【集說】

余氏《音義》曰:「蘭臺令」下，何增「史」字。

【疏證】

奎本以下諸六臣合注本悉同。尤本有「史」字。謹案：傅毅為蘭臺令史，見《後漢書》本傳。班固，亦見《後漢書》本傳，作「除蘭臺令史」云，且《漢書》每卷前題銜即作「漢蘭臺令史班固撰」，此並皆陳、何校所可據，況有尤本為證乎？此毛本傳寫偶脫。

賦有淩雲之稱，辯有雕龍之聲　注：《史記》：迂大而閎辨。鄒衍之術，迂大而閎辯，奭也文難施。劉向《別錄》曰：鄒衍之所言，五德終始，天地廣大。書言天事，故曰：譚天雕龍赫赫修鄒衍之術，文飾之，若雕鏤龍文，故曰雕龍。

【陳校】

注「迂大而閎」。「閎」，「閎」誤。又「文難施」。「文」下，脫「具」字。又「譚天雕龍赫赫」。舊本作「談天衍騶奭」、衍「赫赫」字。又下「雕龍」下，脫「奭」字。

【集說】

胡氏《考異》曰：注「《史記》荀卿」下至「故曰談天」，袁本、茶陵本無此六十三字，有「《漢書》曰：司馬相如既奏《大人賦》，天子大悅。飄飄有凌雲之氣。《七略》曰：鄒赫子，齊人也。齊人為諺曰」三十七字。又曰：注「赫修鄒衍之術」。袁本、茶陵本「赫」上有「言」字。

梁氏《旁證》曰：《史記正義》引劉向《別錄》「雕龍赫赫」四字，作「騶奭」二字。「文」字上無「術」字，「若」字上無「之」字，句末無「赫」字。六臣本注有「《七略》曰：鄒赫子，齊人也」九字。

姚氏《筆記》曰：注「文難施」。按：「文」下，脫「具」字。「故曰談天雕龍赫赫」。按：「天」下，增「衍騶奭」三字，滅「雕龍赫赫」四字。下「故曰雕龍」，「龍」下增「奭」字。

朱氏《集釋》曰：案：注引《史記・孟荀傳》論鄒衍、鄒奭事，又引劉向《別錄》而兼引《七略》，所補遂致累雜。胡氏《考異》謂：「袁本、茶陵本但云：《七略》曰：『鄒赫子，齊人也。齊人為諺曰：雕龍赫。言赫修鄒衍之術，文飾之，若雕鏤龍文，故曰彫龍赫。』如此文氣始順。」今考《別錄》云：「奭修衍之文，飾若雕鏤龍文，故曰彫龍。」語亦同《七略》，惟《七略》作「赫」，《別錄》作「奭」。《史記》亦作「奭」，蓋「奭」與「赫」往往通假。《說文・皕部》：「奭，聲盛也」，而《詩・出車》毛《傳》：「赫赫，盛貌。」《常武》傳二云：「赫赫然盛也。」此「赫」為「奭」之借字。《赤部》：「赫，火赤貌。」而《采芑》、《瞻彼洛矣》二傳云：「奭，赤貌」，即《簡兮》傳之「赫，赤貌」，則又「奭」為「赫」之借字。故《爾雅・釋訓》「赫赫」釋文：「赫，本作奭」。以二字古音同也。

許氏《筆記》曰：注多脫誤。六臣本善注：「……《七略》曰：『鄒赫子，齊人也。齊人為諺曰：雕龍赫。言赫修鄒衍之術文飾之，若雕鏤龍文，故曰彫龍赫。』」嘉德案：此依六臣校與胡同。

【疏證】

尤本作「閎」、脫「具」字。引《別錄》惟句末「雕龍」下有「赫」字，餘同毛本。奎本作：「《漢書》曰：『司馬相如既奏《大人賦》，天子大悅，飄飄有凌雲之氣。』《七略》曰：『鄒赫子，齊人也。齊人為諺曰：雕龍赫。言赫修鄒衍之術文飾之，若雕鏤龍文，故曰彫龍赫。』」明州本省作「善同向注」。贛本、建本同奎本，惟「言赫」誤作「言操」。謹案：《史記·荀卿列傳》云：「騶衍之術，迂大而閎辯。奭也文具難施。淳于髡久與處，時有得善言，故齊人頌曰：『談天衍，雕龍奭。』」《集解》駰案：「劉向《別錄》曰：『騶衍之所言，五德終始，天地廣大。書言天事，故曰談天。騶奭脩衍之文飾，若雕鏤龍文，故曰雕龍。』」陳校改「閎」、補「具」字，當從《史記》、尤本等，是。今按尤本與六臣合注本之分歧在：奎本等善注惟用《七略》，尤本善注既依《別錄》，復兼取《七略》以亂之。誠如朱珔所言「引劉向《別錄》而兼引《七略》，所補遂致累雜。」然此非李善之誤，當出後人所加，尤本不能辨耳。陳校及其餘諸家亦未悟及。前胡亦祇羅列袁、茶異文，未揭尤本來歷及陳校所出也。袁、茶二本，實出其祖奎本。姚氏、前胡、朱氏諸家，實並從六臣合注本惟引《七略》，當是。毛本當誤從尤本，又脫末「赫（奭）」字。朱證「奭」與「赫」通，亦是。

文選卷十七

文賦一首　陸士衡

陸士衡　注：臧榮緒《晉書》曰：機字士衡。……吳滅，被徵為太子洗馬，與弟雲俱洛洛。司徒張華素重其名，舊相識以文華呈。天才綺練，當時獨絕。新聲妙句，係蹤張蔡。機妙解情理，作《文賦》。

【陳校】

注「與弟雲俱洛洛」，上「洛」當作「入」。又，「舊相識」，「舊」上脫「如」字。又，「華呈」當乙。又，「天才」上，並尚有脫文。又「妙解情理」下，舊本有「精識文體故」五字。

【集說】

余氏《音義》曰：何校「洛洛。上『洛』字改『入』。其名。下增『如』字。華呈。倒。」（余氏）又曰：「妙解情理」下，六臣有「精識文體」四字，無「機字士衡」至「張蔡機」一百字。

胡氏《考異》曰：注「機字士衡」，下至「係蹤張蔡」，袁本、茶陵本無此一百字。有「陸機」二字。案：「士衡」，自於《嘆逝賦》下注訖，增多全非。

梁氏《旁證》曰：何校「舊」上添「如」字、「華呈」，改「呈華」。按：此標名下注，自「機字士衡」至「係縱張蔡」一百字，六臣本無之。

姚氏《筆記》曰：「舊」上落「如」字、「華呈」字倒。「妙解情理」下，落「精識文體」四字。

【疏證】

尤本作「入洛」、「心識文體故」，其餘脫、倒悉同。奎本以下諸六臣合注本善注悉無此一百字。謹案：《晉書》本傳作「入洛」、「舊」上有「如」字。毛本蓋出尤本，而複有譌奪。前胡《考異》謂「士衡，自於《嘆逝賦》下注訖，增多全非」，其說並非無理，然《嘆逝賦》下所引為王隱《晉書》，今所引係臧《書》內容又切題，尤本容有所出，不當一例排斥。此亦是陳、何校祗「就誤字為說」例。

至於操斧伐柯　注：《毛詩》曰：執柯伐柯，其則不遠也。

【陳校】

注「執柯」。「執」，「伐」誤。

【疏證】

奎本以下諸六臣合注本同。尤本作「伐」。謹案：《毛詩》見《豳風·伐柯》篇，字正作「伐」，本書潘安仁《河陽縣作》「南路在伐柯」注、《爾雅·釋詁》「柯、憲、刑、範……法也」郭注引、《古今合璧事類備要》後集卷十四引同。然《古今合璧事類備要》前集卷六十一注引《詩》，亦作「執」。此蓋宋人引《毛詩》仍作「伐柯伐柯」，解詩則多自作「執柯伐柯」者，如：宋·林岊《毛詩講義》卷四《豳》：「伐柯伐柯，其則不遠。」講義則云：「伐柯須斧，取妻須媒；執柯伐柯，其則不遠……。」既引「《毛詩》」，則字當作「伐」，尤本、陳校皆是也。毛本當誤從六臣合注本。

悲落葉於勁秋　注：秋莫衰落故悲，春條敷暢故喜也。

【陳校】

注「秋莫衰落」。「秋莫」當作「秋葉」。

【集說】

胡氏《考異》曰：「秋暮衰落」下至「故喜也」。袁本、茶陵本無此十三字。

【疏證】

奎本以下諸六臣合注本並無此十三字。尤本作「暮」。謹案：「暮」，與「莫」同，未知尤本所出。陳校似是，作「秋葉」既與下句「春條」對，也應下文「《淮南子》曰：『木葉落，長年悲』」云云。

誦先人之清芬　注：先民，謂先世之人……《毛詩》又曰：在昔先民有作。

【陳校】

注「在昔先民有作。」「在昔」上，脫「自古」二字。

【集說】

胡氏《考異》曰：注「又曰在昔」。何校「在」上添「自古」二字，是也。各本皆脫。

梁氏《旁證》曰：據注，「人」字當作「民」。何校「在昔」上，添「自古」二字。是也。各本皆脫。

姚氏《筆記》曰：注「先民謂先世之人。」按：如注，「人」故為「民」避諱改。又「曰在昔」。「曰」下，落「自古」二字。

【疏證】

奎本以下諸六臣合注本、尤本悉脫「自古」二字。謹案：語見《毛詩·商頌·那》，正有「自古」字，本書張茂先《勵志詩》「先民有作」注引同。毛本當誤從尤本等，陳、何、姚氏當據《毛詩》、本書內證等添，是也。

撫四海於一瞬　注：《莊子》：老聃曰：悗仰之間，再撫四海之外。《呂氏春秋》曰：萬世猶一瞬。《說文》曰：開闔目數搖也。尸閏切。

【陳校】

注「悗仰」。「悗」，「俛」誤。「《說文》曰」下，脫「瞬」字。

【集說】

許氏《筆記》曰：「瞬」，《說文》作「瞚」。徐曰：「今俗別作瞬，非是。」注脫「瞬與瞚同」。補。嘉德案：《說文》無「瞬」字。《目部》「瞚，開闔目數搖也。」即今之「瞬」字。《釋文》：「瞚，或作瞬。音舜。」《玉篇》、《集韻》：「瞚，瞬同。」是則，「瞚」為正字，「瞬」為相承字。注脫「瞬與瞚同」四字，則與正文不相應矣。

【疏證】

奎本以下諸六臣合注本、尤本悉作「俛」、並脫「瞬」。謹案：《莊子》，見《在宥》篇，正作「俛」。本書班孟堅《西都賦》「俛仰極樂」注、孫興公《遊天台山賦》「俛仰之間」注、左太沖《詠史詩（習習）》「俛仰生榮華」注、陸士衡《樂府十七首・門有車馬客行》「俛仰獨悲傷」注等，七處引並同。《說文・目部》今本作「瞚」，云：「開闔目數搖也。从目寅聲。臣鉉等曰：『今俗別作瞬，非是。舒閏切。』」二許言注脫「瞬與瞚同」四字，非為無理，然本書謝惠連《七月七日夜詠牛女詩》「瞬目曬曾穹」注引「《說文》曰」下正有「瞬」字。是善所見本正作「瞬」也，故無須有四字也。毛本作「悗」者，傳寫偶疏；脫「瞬」者，誤從尤本等也。陳校正「悗」，當從本書內證、尤本等；補「瞬」字，則當亦依本書內證也。

抱暑者咸叩

【陳校】

「暑」，當作「景」。

【集說】

余氏《音義》曰：「景」，善作「暑」。

孫氏《考異》曰：「抱景者咸叩。」圓沙本云：「宋本景作暑。」可知宋本未嘗無譌。

胡氏《考異》曰：袁本、茶陵本「暑」作「景」，云：善作「暑」。案：「暑」，但傳寫誤。梁氏《旁證》曰：「抱景者咸叩。」六臣本校云：「景，善作暑。」按：「暑」字必傳寫之誤。尤本亦作「暑」，不可通。

許氏《筆記》曰：「抱景」。六臣本云：善本作「暑」。此據譌本妄言之。

【疏證】

尤本同。五臣正德本、陳本作「景」，奎本以下諸六臣合注本並同，校云：善作「暑」。謹案：五臣作「景」，濟注可證。善亦作「景」，吳棫《韻補・先韻》「彈」下注引作「景」。觀下句「懷響者必彈」，若作「暑」，與「響」字亦失對。尤本「但傳寫誤」，毛本當誤從尤本等，陳校當從六臣合注本、上下文義正之。此亦前胡稱袁、茶二本而省稱陳校之功例。

或妥帖而易施　注：帖，土協切。

【陳校】

注「土協切」。「土」，「吐」誤。

【疏證】

奎本以下諸六臣合注本、尤本悉作「吐」。謹案：毛本獨因音近或涉五臣「妥」字音注「土果」字而誤，陳校當從尤本等正之。

挫萬物於筆端　注：《韓詩外傳》曰……辟辨士之舌端。

【陳校】

注「辨士」。「辨」，舊作「辯」。

【疏證】

奎本以下諸六臣本、尤本悉作「辯」。謹案：語見《韓詩外傳》卷七，正作「辯」。然「辨」與「辯」本通。《荀子·正名》：「期不喻，然後說。說不喻，然後辨。」《戰國策·趙策三》：「鄂侯爭之急、辨之疾，故脯鄂侯。」《史記·淮南衡山列傳》：「諸辨士為方略者，妄作妖言，諂諛王。」並其證。然則，陳校祇備異文而已。

始躑躅於燥吻　注：《廣雅》曰：躑躅，跢跦也。……蹢與躑同。跢跦，與踟跦同。

【陳校】

注「(《廣雅》曰)躑躅」。「躑」，舊作「蹢」。又「(與)踟跦(同)」，「跦」，「躕」誤。

【集說】

胡氏《考異》曰：注「《廣雅》曰：躑躅」。何校「躑」改「蹢」，是也。各本皆誤。又曰：注「與踟跦同」。陳云：「跦，躕誤。」是也，各本皆誤。

梁氏《旁證》曰：何校「躑」改「蹢」，陳校「跦」改「躕」，是也。各本皆誤。按今《廣雅》：「躑」本作「蹢」、「躅」作「躅」。

胡氏《箋證》曰：按：注「《廣雅》曰：蹢躅，跢跦也。」王念孫《疏證》：「急言之則曰蹢躅，徐言之則曰跢跦。《說文》曰：『蹢，住足也，或曰蹢躅。』又云：『躅，蹢躅也。』《姤·初六》『羸豕孚蹢躅』，《釋文》『蹢，本作躑，躅，本作躅。』《豳風·靜女篇》：『搔首踟躕』，《文選·鸚鵡賦》注引薛君《章句》云：『踟躕，躑躅也。』《三年問》：『蹢躅焉、踟躕焉』，《釋文》作『蹢躅、踶躕』、《荀子·禮論》作『躑躅、踟躕』。《易》：『是類謀物瑞騠驧』，鄭注云：『騠驧，猶踟躕也。』並字異而義同。」

許氏《筆記》曰：「躑躅」。《說文》作「峙䠥。」《復古編》云：「別作『踟蹰』，非。」嘉德案：《說文》：「蹢躅，住足也。住足即逗足、止足也。峙䠥不前也。」《博雅》：「躊躇，猶豫也。」師古曰：「躊躇，住足也。」段氏曰：「蹢躅之雙聲疊韻：曰踟蹰、曰跢跦、曰峙䠥、曰篙箸，俗用躊躇。皆訓住足不前也。」案：今皆通用。

【疏證】

奎本以下諸六臣合注本、尤本注悉誤。謹案：《廣雅》，見《釋訓》，正作「蹢」，王念孫《疏證》：「急言之則曰蹢躅，徐言之則曰跢跦。《說文》曰：蹢，住足也。或曰蹢躅」。本書成公子安《嘯賦》「踟跦步趾」注引同。善注又引鄭玄《毛詩箋》云「蹢與躑同」，若上文不見「蹢」字，則「蹢與躑同」，亦語無所歸。陳云「跦，蹰誤」，蓋承上文鄭《箋》來。檢成公子安《嘯賦》「踟跦步趾」注又云：「跢跦，與踟蹰，古字通」，亦可為當作「蹰」之佐證。毛本並傳寫誤，陳、何校當據《廣雅》、本書內證、上下文義等正之。嘉德說，可備異聞。周鈔《舉正》迻錄先「踟跦」後「躑躅」，今據前胡《考異》乙正。

理扶質以立幹 注：文文之體，必須以理為本。……以樹喻也。

【陳校】

注「文文之體」，上「文」字，舊作「言」。

【集說】

胡氏《考異》曰：注「言文之體」下至「以樹喻也」，袁本、茶陵本無此十六字。

【疏證】

尤本作「言」。奎本以下諸六臣合注本並無此十六字。謹案：毛本從尤本，然傳寫涉下「文」字而誤，陳校當從尤本系統本補之。

伊茲事之可樂 注：茲事，謂文也。《左氏傳》：仲尼曰：志自之：言足以志，文足以言。……行之不遠。

【陳校】

注「志自之」。「自」，「有」誤。又兩「足以」，今本《左傳》並作「以足」。

【集說】

胡氏《考異》曰：注「茲事謂文也」下至「行之不遠」。袁本、茶陵本無此三十六字。

姚氏《筆記》曰：[兩「足以」，今本《左傳》] 並作「以足」。

【疏證】

尤本作「有」、兩「足以」。奎本以下諸六臣合注本並無此三十六字。謹案：語見《春秋左傳注疏・襄公二十五年》，字正作「有」、兩處作「以足」，《太平御覽》卷五百八十五引《左傳》、《孔子家語・正論解》並同。本書劉越石《答盧諶四首（厄運初遘）》「文以明言言以暢神」注引並同。《北堂書鈔》卷一百作「言以足志，文以足言。不言誰知其志，言之無文，行而不遠」注引兩處並作「以足」。毛本從尤本而譌、倒，陳校當從《左傳》、本書內證、尤本系統本等正之。

思按之而逾深　注：按，仰按也。言思慮一發，愈深恢大。

【陳校】

注「仰按也」。「仰」，當作「抑」。

【集說】

胡氏《考異》曰：注「按，抑按也」下至「恢大」，袁本、茶陵本無此十三字。

【疏證】

尤本作「抑」，奎本以下諸六臣合注本並無此十三字。謹案：《爾雅・釋詁》云：「按，抑按也」，正作「抑」。「仰」，「抑」之俗譌字。魏晉以來傳寫亻、扌旁多見不分。毛本或從誤本，陳校或從《爾雅》、尤本等正之。

言窮者無隘，論達者唯曠　注：其言窮賤者，立說無非湫隘；其論通達者，發言唯存放曠。

【陳校】

注「其言」、「其論」，四字並當乙。

【集說】

顧按：此字當倒。

【疏證】

奎本、明州本、尤本、建本並作「言其」、「其論」。贛本惟上二句作：「其言窮賤者，立說不泥湫隘也」；下作「其論」，同上諸本。謹案：陳校、顧說義同：以為當作「言其」、「論其」。贛本作「其言」，當乙正。上句「無非」改作「不泥」，與善注原意正相反，亦與下句相左，大非。顧氏先持「四字當倒」說，至撰《考異》則不取，蓋尤本本作「言其」，固同顧按，同時前胡亦不以「其論」當倒焉。準此，陳校毛本，亦有得有失。

賦體物而瀏亮　注：《漢書・甘泉賦》曰：瀏，清也。《字林》曰：清瀏流也。

【陳校】

注「《甘泉賦》曰」。「賦」下，脫「注」字，又「清瀏」，當乙。

【集說】

胡氏《考異》曰：注「《漢書・甘泉賦》曰」下至「清瀏流也」。袁本、茶陵本無此十六字。

【疏證】

尤本脫、倒同。奎本以下諸六臣合注本並無此十六字。謹案：本書《甘泉賦》「正瀏濫以弘惝兮」注引「孟康曰：『瀏，清也。』」又，馬季長《長笛賦》「正瀏漂以風洌」注引《漢書音義》：孟康曰：『瀏，清也。』」凡二見，而《漢書・揚雄傳・甘泉賦》「正瀏濫以弘惝兮」句注，並不見（孟康）此注。毛本脫、倒，當並誤從尤本，陳校祇據上下文義補正之。今檢《字林》注與《漢書》注重複。《揚雄傳》賦，未見引孟康此注。益證此十六字當後人所增。

說煒曄而譎誑　注：說以感動為先。

【陳校】

注「感動為先」。「動」，舊本作「物」。

【集說】

胡氏《考異》曰：注「說以感動為先。」袁本、茶陵本「動」作「物」，是也。

【疏證】

尤本同。奎本以下諸六臣合注本並作「物」。謹案：尤本傳寫以形近而誤，毛本誤從之。物，即人也。陳校當依六臣合注本、上下文義等正之。

茍銓衡之所裁　注：言銓衡所裁，茍有輕重，雖應繩墨，須必除之。《聲類》《蒼頡篇》曰：銓，稱也。曰：銓，所以稱物也。

【陳校】

注「聲類」二字。舊在「銓，稱也」之下。

【集說】

余氏《音義》曰：「曰銓所」。六臣上有「聲類」二字。

胡氏《考異》曰：注「《蒼頡篇》曰：『銓，稱也。』」袁本、茶陵本無此七字。案：上「《聲類》」下「曰」為句，增多在其間，誤中之誤。

梁氏《旁證》曰：下「曰」字當接上「《聲類》」二字。其中間七字尤本所誤添，六臣本無之，是也。

姚氏《筆記》曰：校滅上「聲類」二字。移於「稱也」(上)[下]。

【疏證】

尤本同。奎本以下諸六臣合注本並無此七字。謹案：前胡謂「《蒼頡篇》曰：『銓，稱也。』」為增多，是也。此蓋後人旁注誤入耳。毛本誤從尤本，陳校祇羅列六臣合注本異文，不能正其衍，蓋大抵不以尤本為增之者耳。

或藻思綺合，清麗千眠　注：《說文》曰：謂文藻思如綺會。千眠，光色盛貌。

【陳校】

注「《說文》曰」三字，似衍，或當在下「千眠」之上。

【集說】

余氏《音義》曰：何曰：「陳校：『《說文》曰』三字衍，否則，當在『千眠』上。」

胡氏《考異》曰：注「《說文》曰：謂文藻思如綺會。」袁本、茶陵本無此十字。

梁氏《旁證》曰：陳曰云云。按：六臣本無「《說文》曰」以下十字，是也。

姚氏《筆記》曰：何云：「三字衍」。

許氏《筆記》曰：注「《說文》曰」下，脫「綺，文繒也」四字。嘉德案：各本皆脫。今補。

【疏證】

尤本同。奎本以下諸六臣合注本悉無此十字。謹案：毛本當誤從尤本，二許說最是，各本皆脫「綺，文繒也」四字。《說文》此訓，本書屢見善引，如：班孟堅《西都賦》「綺組繽紛」注、張平子《西京賦》「交綺豁以疏寮」注、《古詩十九首·西北有高樓》「交疏結綺窗」注並見引。陳、何校及其餘諸家說並非。尤本當有來處。二許精於《說文》之學，於此等處，尤見工力。

意徘徊而不能揥　注：《說文》曰：揥，取也。揥，或為禘。禘，猶去也。……或為禘，禘，猶去也。

【陳校】

注「或為禘。禘」。兩「禘」字，並當作「褫」，五臣本可據。

【集說】

胡氏《考異》曰：注「或為禘。禘，猶去也。」陳曰云云。案：所校最是，各本皆誤。

梁氏《旁證》曰：五臣「禘」作「褫」，是也。向注可證。陳曰：「注：『揥，或為禘。禘，猶去也。兩禘字，皆當作褫。』」各本皆誤。

朱氏《集釋》曰：注引「《說文》曰：『揥，取也。』」案：今《說文》：「摕，撮取也。」前《西京賦》「摕飛鼯」薛注：「捎取之也。」義同。此「揥」字蓋「摕」之誤。注又云：「或為禘。禘，猶去也。」胡氏《考異》云：「禘，當作褫，五臣本可據。」褫，奪也。與「去」義近。「去」為「取」之對。賦語謂「心牢落而無偶」，則或「取」或「去」，徘徊未定也。意並可通。

胡氏《箋證》曰：又云「或為禘，禘，猶去也。」「禘」，蓋「褫」之譌字。五臣作「褫」。

許氏《筆記》曰：「能揥」。注「《說文》曰：『揥，取也。』」案：《說文》：「摕，撮取也。从手帶聲。」今為揥者，猶瓜當之蔕，今亦別作蒂也。又注云：「揥，或為禘。禘，猶去也。」二「禘」字皆當作「揥」。嘉德案：李注既引《說文》「摕」字為釋，則正文亦必作「摕」，故注中有「或為揥」之語，以明此作「揥」，別本或為「揥」也。段注《說文》「揥」下亦云「《文賦》『揥』字，當是『揥』字之誤。蓋傳寫者誤以注中『揥』字為正文，歷久相沿未之改正耳。」又案：袁氏六臣本作「禠」，云：善作「禘」，茶陵本作「禘」，云：五臣作「禠」。胡氏云：「注中兩禘字，陳云：『並當作遞，五臣本可據。』陳校最是。」案：此以五臣之「禠」為李注之「或作」，非也。觀《字書》所引《文賦》注云「揥，猶去也」，是李氏原注中自作「禘」，轉寫轉刻因譌為「禘」，可證「禘」非「禠」誤。

【疏證】

尤本同。奎本、明州本作「禠」，校云：善本作「揥」。贛本、建本作「揥」，校云：五臣作「禠」。謹案：陳校目標雖為善注「或為」下二「禠」字，然同時涉及正文「揥」字，故理當一併考校。上諸家，主正文作「揥」、注作「禠」者，有陳氏、二胡、梁氏；主正文作「揥」、注作「禘」者，有段氏、二許。洪氏《讀書叢錄》卷十一「揥」條案云：「揥，本『摘』字，依注當作『揥』。《說文》作『揥，撮取也』，與所引《說文》義合。左氏《正義》引賈逵注『禘者，遞也。審諦昭穆遷主遞位』，是禘有去義也。」說，大致與段氏、嘉德說同。朱氏各別：主正文為「揥」、注為「禠」。竊以為：正文作「揥」，不誤。首先有善引《說文》及善自注為證。今本《說文》作「揥，撮取也」，不能決善所見本不作「揥」。其次，《類篇》卷三十四：「揥：丁計切，捐也。……又：他歷切。取也。」「捐」與「取」反訓為對，與「揥」、「禠」義並近。善注「或為禘」，「禘」，不當改「禠」，當改從「木」之「楴」。根據是：一，善注既明見或本「為禘」，又二作「禘」字，不能無稽，必有緣故。二，嘉德謂「禘非禠誤」，其說有兩點理由，見上，不贅。三，「禘」與「楴」、「揥」音義並近，然「禘」與「禠」形遠，而與「楴」形近，故譌為「楴」可能極大。四，字書有楴與揥「音義同」之證。《康熙字典·木部》：「楴：《唐韻》、《正韻》竝他計切，音涕。楴枝，整髮釵也。或从手，作揥。《詩·鄘風》『象之揥也』、《魏風》『佩其象揥』，注：『揥，以摘髮。象骨為之。』」而《手部》則云：「揥：《廣韻》：『或从木，作楴。音義同。』」加之，魏晉以來傳寫手旁與木旁字習見不分，故揥、楴，「音義同」，不僅局限於「整髮釵」之一訓而已，楴如揥，同樣可有「去（取）」義，成為善注「揥」之「或作」。善注原本二作「楴」，傳寫「木」旁誤從「礻」旁。（此是傳寫、重刻中，最習見之現象）五臣改「楴」為「遞」，蓋求異善注，以掩勦襲之跡耳。陳校、前胡等偶疏，致以五臣亂善矣。許氏《筆記》此所謂「字書」，非文字類工具書泛稱，乃專指《康熙字典》。「揥，猶去也」，正惟見《字典・手部》「揥」字下引「陸機《文賦》意徘徊而不能揥」注也。

石韞玉而山輝，水懷珠而川媚　注：《尸子》曰：水中折者有玉，圓折者有珠。

【陳校】

注「水中折者有玉。」「中」，舊作「方」。

【集說】

胡氏《考異》曰：注「《尸子》曰」下至「有珠」。袁本、茶陵本無此十四字。

【疏證】

尤本誤同。奎本以下諸六臣合注本並無此十四字。謹案：《淮南子・墬形訓》、《藝文類聚》卷八引《尸子》、《太平御覽》卷五十八及八百五引、《白孔六帖》卷六「方圓」注、卷七「潛隱」注、《古今合璧事類備要》前集卷七「方員」注及續集卷六「圓源毓珠」注引《尸子》皆作「方」，本書顏延年《贈王太常》「玉水記方流」注同。毛本當誤從尤本，上諸《文選》本，非脫即譌。陳校正之，所謂「舊本」未知從何本，若據本書內證，則亦不得稱「舊本」。前胡祇羅列異文，豈不以陳校為然歟？亦非。

或遺理以存異，徒尋虛而逐微

【陳校】

「而」，舊作「以」。

【集說】

余氏《音義》曰：「而逐」。「而」，五臣作「以」。

梁氏《旁證》曰：六臣本「以」作「而」。

【疏證】

尤本作「以」。五臣正德本、陳本作「而」。奎本、贛本、建本作「而」，校云：善本作「以」。明州本作「而」，脫校語。謹案：五臣作「以」，翰注可證。余氏亦謂「五臣作以。」清・卞永譽《式古堂書畫彙考・書七・唐》「褚登善臨右軍《文賦》」作「而」。是晉、唐人作「而」。元・祝堯《古賦辨體・

三國六朝體上》引陸《賦》亦作「而」，況且作「而」與上句「以」既義同而又有變化，自然較「以」為長，然則，諸本所見皆誤，善本正作「而」。尤本誤從贛本校語。毛本不誤，陳校失之矣。

猶絃么而徽急，故雖和而不悲 注：《淮南子》曰：鄒忌一徽琴而威王終久悲。許慎注曰：鼓琴循絃謂之徽。悲雅俱有，所以成樂，直雅而無悲，則不成。

【陳校】

注「威王終久悲」。「久」，舊作「夕」。

【集說】

胡氏《考異》曰：注「《淮南子》曰：鄒忌一徽琴而威王終久悲。許慎注曰」。袁本、茶陵本此十九字，作「許慎《淮南子注》曰」七字。

【疏證】

尤本作「夕」。奎本以下諸六臣合注本並作「許慎《淮南子注》曰」七字。謹案：《淮南子》，見《主術》，作「威王終夕悲感于憂」，為正文，並非許注，故前胡校未必是。鄒忌典不可省，蓋釋上「徽急」字。許慎注「鼓琴循絃謂之徽」蓋釋「徽」字。「悲雅俱有」以下兼釋「和而不悲」與下節末「悲而不雅」。注解周密而秩序井然。本條先引《淮南子》，次引許注，因承上省去書名，無足怪焉。六臣合注本並脫鄒忌典，毛本從尤本不誤，惟傳寫有譌字，陳校當據《淮南子》、尤本等正之。

寤防露與桑間 注：防露，未詳。……然靈運有《七諫》有防露之言，遂以《七諫》為防露也。《禮記》曰：桑間濮上之音，亡國之音也。鄭玄曰：濮水之上，地有桑間先亡國之音於此上。

【陳校】

注「防露，未詳」。按：《月賦》注：「《防露》，古曲也」，即引《文賦》為證，此又云「未詳」，何也？又，「有七諫」，「有」，舊作「以」。又，「桑間先」。「先」，作「者」；又，「於此上」，「上」，作「出」。

【集說】

胡氏《考異》曰：注「然靈運有七諫」。何校「有」改「以」，是也。各本皆誤。又曰：注「地有桑間先」。何校「先」改「者」、「上」改「出」，是也。各本皆誤。

梁氏《旁證》同胡氏《考異》。

徐氏《規李》曰：注「《防露》，未詳。」案：李於《月賦》「徘徊防露」注已云：「《防露》，蓋古曲。《文賦》：『寤《防露》於桑間。』房與防，古字通。」何此注故作疑辭，蔓引靈運《山居賦》為言耶？

【疏證】

奎本以下諸六臣合注本、尤本悉譌「有」、「上」。奎本外，諸本悉誤「先」，奎本作「見」，亦誤。謹案：《禮記》語，見《樂記篇》鄭注，字正作「者」、「出」。毛本當誤從尤本等，陳、何校當據《禮記》、上下文義等正之。陳校善注「未詳」之疑，張雲璈《膠言》以為答案已在善《月賦》自注中。本條偶疏。此係兼論善注之是非，恕不展開。

雖一唱而三歎　注：鄭玄曰：越，瑟底孔，盡疏之。

【陳校】

注「盡疏之」。「盡」，舊作「畫」。

【疏證】

奎本以下諸六臣合注本並同。尤本作「畫」。謹案：語見《禮記注疏・樂記》，字正作「畫」。余蕭客《古經解鉤沈・禮記三》引熊《疏》云：「瑟兩頭有孔，畫疏之。疏，通也，使兩頭孔相連而通。孔小則聲急，孔大則聲遲，故云：使聲遲也。」毛本誤從六臣合注本，陳校當從《禮記》、尤本等正之。陳之「舊本」，尤本庶幾當之。

是蓋輪扁所不得言　注：《莊子》曰：桓公讀書於堂上……李頤曰：齊桓公也。扁言音篇。……數，術也。

【陳校】

注「扁言」字，衍。

【集說】

胡氏《考異》曰：「莊子曰桓公」下至「數術也」。袁本無此二百三十七字，有「輪扁，已見上注」六字。茶陵本亦不複出，此增多甚非。

【疏證】

尤本衍同。奎本、明州本作「輪扁，已見上注」六字。贛本、建本無此二百三十七字，亦無袁本之六字。謹案：檢《經典釋文·莊子音義·天道》:「桓公」注:「李云：齊桓公也。名小白」。下「輪扁」注:「音篇。又符殄反。司馬云：斲輪人也，名扁。」可證尤本「扁言」字之衍。毛本當誤從尤本，陳校當從《釋文》等正之，然當如奎、明、袁三本省作「輪扁，已見上注」例。「上注」，即「若夫隨手之變，良難以辭逮」注引《莊子》曰:「輪扁謂桓公曰：斲，徐則甘而不固，疾則苦而不入。不疾不徐，得於手而應於心，口不能言也。有數存焉」云。

練世情之常尤　注:《纆子》：董無心曰：罕得事君子，不識世情。尤非也。

【陳校】

注「纆子」。按:「纆」，疑「墨」。又按:《漢·藝文志》有「《董子》一篇」注云:「名無心。難墨子。」或此「纆」字乃「董」字之譌耶？又陶詩「秋菊有佳色」注亦引「纆子董無心」語，是「纆」正當為「纆」。

【集說】

余氏《音義》曰：何曰:「少章云：纆，疑墨。又按:《漢書·藝文志》有《董子》一卷，注云:『名無心。難墨子。』或此《纆子》乃《董子》之誤。」

孫志祖《讀書脞錄》曰:《文選·文賦注》引「纆子」。陳少章云「纆，疑墨」云云。謹案：惟引《漢志》注「無心」上脫一「名」字，餘同陳校。志祖案：選注引《纆子》凡三條，《文賦》外，又見陶淵明《雜體詩》及《答賓戲》，注非誤也。胡元瑞《經籍會通》云:「《纆子》,《漢志》不載，而《意林》引二條，皆與董無心論難語。無心，戰國人，著書闢《墨子》。」

纆子，蓋戰國墨之徒也。」自注:《廣韻》「纆」字注云:「又姓。《漢書·藝文志》有纆子著書。」不知所據。卷四，續修四庫全書本，第 250 頁。

張氏《膠言》曰：何氏云:「陳少章曰」云云。少章又云:「纆音墨，或古字通。」雲璈按：陶詩「秋菊有佳色」注，亦引《纆子》董無心語，是「纏」正當作「纆」。又按：胡元瑞《筆叢》云:「馬總《意林》引《纏子》云:『纏子修墨之業，以教於世。儒有董無心者，其言修而謬，其行篤而庸。言謬則難通，行庸則無主。欲事纏子。纏子云：文言華世，不中利民。傾危繳繞之辭者，並不為墨子所修。勸善兼愛，則墨子重之。』皆《纏子》中語，蓋二人同時。纏乃墨者，蔑董自尊其教者也。《董無心［董子］》，歷朝諸《志》咸有其目。宋·吳秘嘗為注釋，見《文獻通考》中晁氏所紀，蓋南渡時尚存。《漢志》列《董無心》於儒家，謂其難墨，而鄭漁仲以為墨氏弟子，謬矣。」

梁氏《旁證》曰：何曰：「《漢書·藝文志》有《董子》一篇。注：名無心。難墨子。或此《纏子》乃《董子》之誤。」按：《董無心難墨子》，纏子學於墨者也。又《難無心纏子書》，見《通志·藝文略》。本書陶淵明《雜詩》注、《答賓戲》注並引之。何氏遂疑為「董子」之誤，疏矣。

姚氏《筆記》曰：何云：「少章云：『纏，疑纓。又按：《漢志》有《董子》一篇，注云：名無心。難墨子。』」範按：二十六卷陶淵明《辛丑赴假詩》亦作「纓子」。樹按：何校書著少章之說，亦猶先生所校，間及惜抱先生稱「鼐云」者，是也。正可標舉見前輩讀書之槩，亦本范、汪注《穀梁傳》例也。

徐氏《糾何》曰：何曰云云。案：何說非也。漢自有《纏子》，見《廣韻》。

胡氏《箋證》曰：孫氏志祖曰：「善注引《纓子》凡三條，此外見陶淵明《雜體詩》及《答賓戲》注。胡氏元瑞曰：『《纓子》，《漢志》不載，而《意林》引二條，皆與無心論難語。無心，戰國時人，著書闢《墨子》。』」紹煐按：董無心闢墨子，而纓子又難董無心，蓋亦墨之徒也。《廣韻·二仙》「纓」字注云：「又姓。《漢書·藝文志》有纓子著書。」自注：今《藝文志》不載，見於《通志·藝文略》。《玉海》五十三：「《漢志·儒家》：『《董子》一篇，名《董無心難墨子》。』《書目》：『《董子》一卷。與學墨者纏子辯《尚同》、《兼愛》、《尚賢》、《明鬼》之非。纏子屈焉。』《論衡》亦引《董子難纓子》」。

【疏證】

奎本以下諸六臣合注本、尤本悉同。謹案：張、梁、徐、後胡諸家說是，陳、何校以董與纏子為一人，誤矣。參下陶淵明《辛丑歲七月赴假還江陵夜行塗口》「林園無世情」條。《字彙·糸部》：「纓，本作纏。此俗誤也。」張氏《膠言》引「陶詩」注云云，實亦少章語，乃截斷加「雲璈按」，未免不雅。其引胡元瑞《筆叢》，顛倒其次序，尚大意未失。後胡《箋證》引孫說，見《讀書脞錄》卷四「纓子」條。多處刪節，節取前人，事屬常見，然既引孫說，將孫自注引《廣韻》十餘字，加上出處「二仙」，移花接木，占為己說，亦尚可容忍，而於孫「《答賓戲》」下「注非誤也」四字，祇留一「注」字，截去三字，遂致孫失點睛之筆，校勘主旨晦澀。魯莽滅裂，甚於張氏矣。

或受吹於（眾）〔拙〕目　注：言文……或於拙目受蚩。吹，笑也。吹與蚩同。

【陳校】

「吹」，舊本作「歎」。注同。又注「蚩」，亦作「歎」。

【集說】

胡氏《考異》曰：「或受吹於拙目。」袁本「吹」作「嗤」，校語云：善作「蚩」。茶陵本作「吹」，與此同，校語云：五臣作「嗤」。案：袁本所見是也。士衡自用「蚩」字，善以「蚩」字本不訓笑，故取「吹」字為注。如《詠懷詩》「噭噭今自蚩」之注也。尤、茶陵所見，非。又曰：注：「吹笑也。吹與蚩同。」案：上「吹」上，當有「《說文》曰」三字。兩「吹字，皆當作「欪」。《詠懷詩》注曰：「《說文》云：嗤，笑也。嗤，與蚩同。」考《說文》無「嗤」字。有「欪」字，云：「欪欪，戲笑貌。從欠、虫聲。」蓋兩注本同。此脫「《說文》云」，彼誤「欪」為「嗤」，當互訂正。

張氏《膠言》曰：胡中丞云：「吹，當作欪。《說文》：『欪，戲笑貌。从欠虫聲。』注中脫『《說文》曰』三字。」

梁氏《旁證》曰：五臣「欪」作「嗤」，向注可證。胡公《考異》曰：「正文當作嗤字。善以蚩字本不訓笑，故取吹字為注。本書《詠懷詩》：『噭噭今自蚩』之注，引《說文》云：『嗤，笑也。嗤，與蚩同。』考《說文》無嗤字。有欪字，云：『欪欪，戲笑貌。從欠、虫聲。』此注中『吹，笑也』上，當有『《說文》曰』三字。兩『吹』字，皆當作『欪』。《詠懷詩》誤『欪』為『嗤』，當互訂正。」

薛氏《疏證》曰：阮嗣宗《詠懷詩》「噭噭今自嗤」注「《說文》云：『嗤，笑也。嗤與蚩同。』」蓋「嗤」從「蚩」字得聲，故通用也。《說文》無「吹」字，「吹」，當是「欪」之誤。《說文》「欪」字下云：「欪欪，戲笑貌。」「欪」、「蚩」皆從「㞢」得聲，故通。今「吹」字從「山」者，「山」字即「㞢」字之譌。

胡氏《箋證》曰：《考異》曰：「正文當作嗤字」云云。

許氏《筆記》曰：「受欪」。《說文》：「欪，从欠之聲。欪欪，戲笑貌。許其切。」今韻書或作「嗤，笑也。充之切。」又《說文》「蚩，蟲也。从虫㞢聲。赤之切。」《復古篇》云：「別作嗤、媸。並非」，但今人「嗤笑」字如此，行之久矣。嘉德案：各本賦文作「吙」作「嗤」不一。六臣袁本云：善作「蚩」，茶陵本云：五臣作「嗤」。胡曰：「袁本所見是也。注中『吙』上，當有『《說文》曰』三字。」玩注「受蚩」及「吙與蚩同」，則陸賦自作「蚩」。胡校是也，所當訂正。《玉篇》「蚩，笑也」，《說文》正作「欰」。其作「吙」者，「欰」之譌，作「嗤」、作「欰」、作「蚩」者，《字書》通用字。

黃氏《平點》曰：「吙」，據注及別本改作「蚩」。

【疏證】

尤本同。贛本、建本作「吙」，校云：五臣作「嗤」。五臣正德本、陳本作「嗤」。奎本、明州本作「嗤」，校云：善本作「吙」。謹案：五臣作「嗤」，向注可證。善作「蚩」，本書阮嗣宗《詠懷詩》「噭噭今自蚩」注「《說文》云：（嗤）[欰]，笑也。（嗤）[欰] 與蚩同」是證。「欰」，即「蚩」。前胡考之甚明。《說文通訓定聲・頤部》云：「蚩，叚借為欰（嗤）」。又云：「欰，《文選》『或受欰於拙目』，今本誤作吙。」亦從《考異》。「嗤」、「蚩」二字雖通，然既為善與五臣之異，不可亂也。陳校謂舊本作「歖」，未明何本。檢《集韻・之韻》：「嗤，笑也。或作歖。」是「歖」與「嗤」同，然則，陳校以「吙」為非，是；欲以五臣亂善，則非也。張、梁以下六家共祖前胡，大略可見前胡《考異》在《文選》校勘中之壇主地位矣。本條後胡援引前胡《考異》，又間接轉引自《旁證》。

病昌言之難屬 注：上逸《楚詞》注曰：屬，續也。

【陳校】

注「上逸《楚詞》」。「上」，「王」誤。

【疏證】

奎本以下諸六臣合注本、尤本悉作「王」。謹案：《楚辭注》，見《楚辭章句・哀時命》。「上」為「王」之譌無疑。此毛本傳寫偶譌，陳校無須披《楚辭》、尤本等，信手可正之。

故踸踔於短韻 注：《國語》曰：有短垣，君不踰。

【陳校】

「短韻」。「韻」，舊作「垣」。

【集說】

孫氏《考異》曰：何校「韻」改「垣」。志祖按：據注引《國語》，似當作「短垣」，然六臣本亦作「短韻」，善注無《國語》一條。而呂延濟注有「遲滯［於］小篇」之語，則非「短垣」之誤矣。疑善本有誤作「短垣」者，後人遂謬引《國語》注之。汲古閣祇知改正本文，而注則襲而未刪也。

顧按：詳注意，是善本作「短垣」。

胡氏《考異》曰：「故踸踔於短韻」。袁本、茶陵本「垣」作「韻」，不著校語。注中「短垣」語，二本亦無之。恐尤改，未必是也。

梁氏《旁證》曰：尤本「韻」作「垣」，蓋據注改。然六臣本並作「韻」，而注中無「《國語》」云云。濟注釋「短韻」為小篇。則決非「短垣」之誤。

朱氏《集釋》曰：胡氏《考異》謂：「袁、茶本『垣』作『韻』。無『《國語》曰』九字。此係尤改。」段氏設「十不可信」以辨之。中言：《國語》本作「君有短垣，而自踰之」，果延之偽注，引當同，不應乖異。「踸踔」，謂腳長短也，「短垣」，可云「蹢躅不進」，不得施於「短韻」。賦上文既云「短韻」，此不應複，是寫書者涉上文而誤，尤本獨得之。」余謂：段說是也。「踸踔短韻」，殊不成文義。推賦意與上「患挈瓶之屢空」，皆為喻語。挈瓶，喻小智，故云「昌言難屬」。此謂力薄而放庸音，如踸踔於短垣，未免蹢躅之狀，總形支絀。二者皆由於才有不逮，故下云「恒遺恨以終篇，豈懷盈而自足」也。孫氏《考異》亦疑善本之誤，皆非。

胡氏《箋證》曰：《考異》曰「袁本、茶陵本垣作韻……恐尤本改。」段氏玉裁曰：「踸踔，謂腳長短也……恐寫書者涉上文而誤。錢牧齋為梅村作文集序，用踸踔短垣，是其所據古本如是自注：見《經韻樓叢書》。」紹煐按：濟注釋「短韻」為小篇也。五臣作「韻」，善自作「垣」耳。

許氏《筆記》曰：「韻」，何改「垣」。案注李氏本作「短垣」，後人不解其義，臆改為「韻」耳。「短垣」與上「挈缾」（患挈瓶之屢空）皆況比之詞。「短韻」已見前，陸氏不應復用。嘉德案：胡校因六臣本作「韻」，又注脫「短垣」，信為「韻」。非矣。

黃氏《平點》曰：「故踸踔於短垣」句，言為才分所限。

【疏證】

尤本作「垣」。五臣正德本、陳本作「韻」，奎本以下諸六臣合注本同，並無校語、善注無引《國語》一條。謹案：《續後漢書》本傳引亦作「垣」。五臣作「韻」，濟注可證。善本作「垣」，則注引《國語》已明。六臣合注本失校語矣。梁氏蓋從孫氏《考異》。段說見《經韻樓集·與陳仲魚書》，曰：「(《文選考異》) 其謂尤延之所增改，尤多不確。今略為足下言之。《文賦》『故踸踔於短韻』自注：『今各本作韻，尤延之作垣』……顧千里云『袁本、茶陵本垣作韻』云云。愚按：延之即改字，亦當不過音同形異者耳，何敢突改正文『短韻』為『短垣』？雖妄不至此，其不可信一也；『《國語》曰』九字，倘謂『古本所無，故袁、茶陵本無之』，然則竟是延之硬添此九字，雖妄不至此，其不可信二也；改正文為『垣』，而以《國語》『短垣』為之注，雖天下大妄人亦不至此，其不可信三也；考《國語》各本皆作『君有短垣而自踰之』，果是延之偽注，則所引亦當同，不當乖異，其不可信四也；『踸踔』，謂腳長短也，『短垣』，可云『躑躅不進』，不得施於『短韻』，其不可信五也；賦上文既云『或託言於短韻』，此不應又曰『於短韻』，是寫書者涉上文而誤耳，而尤本獨得之，其不可信六也；袁、茶陵二本殆其所據賦本作『短韻』，淺人因刪此注九字，而千里不悟，其不可信七也；汲古閣正文作『韻』而注有此九字，較勝於袁、茶陵本，而千里不悟，其不可信八也；錢牧翁為梅村作《文集序》，用『踸踔短垣』，是其所據乃古本，其不可信九也；足下所得明仿宋刻《二陸集》作『短垣』，其不可信十也。據此十條，可知尤之被誣矣。尤自跋云『李善淹貫該恰，號為精詳。四明、贛上各嘗刊勒，往往裁節語句可恨』，此注九字正所謂『裁節可恨』者也，而謂延之為之乎？」謹又案：段氏引錢謙益用「踸踔短垣」，有古本依據，此正可與尤本、《續後漢書》等相印證。當屬可信。毛本以五臣亂善，陳、何校是，段、朱、後胡、許說，亦是。顧按以「善本作短垣」亦是，至撰《考異》作疑似之辭，未免拘泥；至於以「韻」為尤所改，誠有不妥也，蓋據卞氏《式古堂書畫彙考·褚登善臨右軍文賦》作「韻」，黃庭堅跋云：「李翹叟出《褚遂良臨右軍文賦》，豪勁清潤，真天下之奇書也。山谷題」。是「垣」、「韻」傳寫之誤，其來亦遠矣。

兀若枯木　注：郭象注《莊子》曰：遺身而自得，雖掞然而不持；坐忘行忘而為之，故形若曳枯木，止若聚死灰。……《國語》：泉涸而成(采)〔梁〕。

【陳校】

注「掞然」。「掞」，作「淡」。

【集說】

余氏《音義》曰：「雖掞」、「故形」。何校「掞」改「淡」、「形」改「行」。

胡氏《考異》曰：注「郭象注《莊子》曰」下至「而成梁」，袁本、茶陵本，無此六十九字。

梁氏《旁證》曰：何校「掞」改「淡」，「形」改「行」。

【疏證】

尤本作「淡」胡刻本復譌作「掞」、作「行」。奎本以下諸六臣合注本悉無此六十九字。謹案：郭注見《逍遙遊》篇，字正作「澹（與淡同）」、作「行」。「淡」誤「掞」，蓋俗寫氵、扌不分；「行」誤「形」，因音近而譌。作「行」方與下文「止」，相對為文。尤本當別有所本。陳、何當據尤本、《逍遙遊》、上下文義等正之。

理翳翳而愈伏，思乙乙其若抽　注：《方言》曰：翳，奄也。《新論》曰：譚嘗精思於小賦，立感發病。彌日瘳。子雲說：成帝詞甘泉。

【陳校】

注「奄也」。「奄」，作「掩」。又「立感發病」。舊無「感」字。又「彌日瘳」。「日」，作「月」。又「詞甘泉」。「詞」，作「祠」。

【集說】

余氏《音義》曰：「日瘳」、「詞甘」。何校「日」改「月」、「詞」改「祠」。

梁氏《旁證》曰：何校「日」改「月」。按：六臣本尚不誤。毛本「祠」，誤作「詞」。

【疏證】

奎本、明州本作「奄」、無「感」、誤「日」、作「祠」。建本惟「日」作「目」，餘同明州本。贛本作「奄」、有「感」、作「月」、作「祠」，尤本惟「月」誤「日」，餘同贛本。謹案：《廣韻・琰韻》：「奄，藏也。」是「掩」，與「奄」同。陳校祗備異聞。未明陳校所謂「舊本」何指也。《藝文類聚》卷五十六載《桓子新論》作「立感動發病」、「成帝上甘泉」，卷七十五作「立發疹」、「上」字同。《太平御覽》卷五百八十七作「立感動」、作「幸甘泉」。《北堂書鈔》卷一百二「能讀千賦，則善為之矣」注引《新論》亦作「立感動」、「上甘泉」。可見若有「感」字，則下當有「動」字為宜，無「感」字，如《類聚》卷七十五，亦得；陳校亦備異聞。贛本獨作「月」。按文意作「月」是，謂其去病遲也。此陳、何校根據之一也。「祠」字，《漢書・揚雄傳》云：「孝成帝時，客有薦雄文似相如者。上方郊祠甘泉、泰畤、汾陰、后土以求繼嗣。」本書《甘泉賦》序，略同，並作「祠」。三類書作「上」或「幸」，亦可，惟毛本獨因形近誤作「詞」矣。陳、何據《漢書》、《類書》、本書內證等可，但據上下文義亦可信手正之耳。

非余力之所勠　注：物，事也。……非子力之所並。賈逵曰：勠力，併力也。

【陳校】

「非余力之所勠。」舊本「勠」下有「力周切」三字。又（注）「非子力」。「子」，作「予」。

【集說】

胡氏《考異》曰：注「物事也」下至「非予力之所並」。袁本、茶陵本無此十七字。又曰：注「併力也」。袁本、茶陵本「也」下有「力周切」三字。

【疏證】

尤本有十七字，作「予」。「勠」下，無「力周切」三字。奎本以下諸六臣合注本並無此十七字，奎本、明州本「力也」下，有「力周切」三字。謹案：五臣正德本、陳本及諸六臣合注本「勠」字下並有「音留。協韻」四字，此五臣音，故「力周切」三字必善音，有者是也。毛本脫，當誤從尤本；「子」字，則「予」之形近而誤。陳校當從尤本等補正之。

伊茲文之為用……恢萬里而無閡，通億載而為津　注：言文能廓萬里而無閡，假令億載，而今為津。《法言》曰……李軌曰：昏昏，目所不見；忞忞，心所不通。

【陳校】

注「假令億載，而今為津。」「假令」、「今」三字疑。又「心所不通。」「通」，作「了」。

【集說】

胡氏《考異》曰：注「言文」下至「而今為津」，袁本、茶陵本無此十七字。

【疏證】

尤本有十七字同，作「了」字。奎本以下諸六臣合注本並無十七字、作「了」字。謹案：李軌注，見《法言・問神篇》「傳千里之忞忞者莫如書」下，正作「不了」。毛本從尤本而有誤。陳校當據《法言》、尤本等正之。「假令」，即「即令」，假設之辭，津者，津渡、津伐也。二句言文能「思接千載，視通萬里」也。陳校奚復何疑？

配霑潤於雲雨　注：《論衡》曰：太山不崇朝而雨天下。

【陳校】

注「而雨天下」。「而」，舊作「辨」。

【集說】

顧按：此以「辨」為「徧」也。

【集說】

余氏《音義》曰：「而雨天」。「而」，何改「辨」。

梁氏《旁證》曰：六臣本、尤本「而」作「辨」，是也。

許氏《筆記》曰：「而雨」，何改「辨雨」。案：「辨」與「徧」同。嘉德案：「《集韻》徧，亦作辨。《史記》瑞應辨至，注云：『辨與徧同。』此改『辨雨』，言不崇朝而雨徧天下也」。

【疏證】

贛本同。奎本、明州本、尤本、建本悉作「辨雨」。謹案：《廣雅・釋詁二》：「辨，徧也。」《周易・繫辭・復》：「小而辨於物。」王氏《述聞》：「辨，讀曰徧。古文辨與徧通。」是其證。顧按是也。《論衡》見《效力篇》，作「泰山不崇朝而徧雨天下。」《風俗通義・雨師》亦作「而徧」。是贛本、毛本「而」下脫一「徧（辨）」字。其餘諸《文選》本亦脫一「而」字耳。陳、何校尚失一間焉。

被金石而德廣　注：《毛詩》曰：《漢廣》，德廣所及也。

【陳校】

注「《毛詩》曰」。「詩」下，脫「序」字。

【集說】

胡氏《考異》曰：注「《毛詩》曰：漢廣」。袁本、茶陵本「詩」下有「序」字。

梁氏《旁證》曰：六臣本「詩」下有「序」字，是也。

【疏證】

尤本脫同。奎本以下諸六臣合注本並有「序」字。謹案：《毛詩》，見《周南・漢廣序》，合當有「序」字。毛本誤從尤本，陳校當據《毛詩》、六臣合注本、上下文義等補之。

音樂 注：《樂記》曰：比音而樂之，及干戚于旄，謂之樂。

【陳校】

注「于旄」。「于」，舊作「(干)[羽]」。

【疏證】

奎本以下諸六臣合注本、尤本悉作「干戚羽旄」。謹案：此陳校賦分類標題「音樂」下注。《禮記注疏・樂記》，正作「干戚羽旄」。鄭氏注曰：「干，盾也，戚，斧也，武舞所執也。羽，翟羽也，旄，旄牛尾也，文舞所執。」言之甚明。此毛本獨因音近而譌為「于」，陳校無煩披「舊本」、《禮記》等，可信手而正之也。周鈔復因形近或涉上而「羽」誤作「干」。今已正之。

洞簫賦一首　王子淵

揚素波而揮連珠兮 注：呂披曰：波，水涌也。杜預《左氏傳注》曰：揮，湔也。

【陳校】

「揮」，舊作「揮」。注同。又注：「呂披曰」。「披」，作「忱」。

【集說】

余氏《音義》曰：「呂披曰」。「披」，何改「忱」。

孫氏《考異》曰：「揚素波而揮連珠兮」。「揮」誤「揮」。潘安仁《金谷集詩》「激波連珠揮」，用此。

胡氏《考異》曰：注「呂忱曰：波，水涌也。」袁本、茶陵本無此七字。

梁氏《旁證》曰：本書潘安仁《金谷集詩》「幾波連珠揮」語似用此。毛本「揮」作「撣」誤。

姚氏《筆記》曰：按：「撣」，乃「揮」字之誤。注引杜注，見《僖二十三年傳》。

胡氏《箋證》曰：注「杜預《左氏傳注》曰：『撣，湔也。』」按：見《僖二十三年傳》「既而揮之」注。是善本作「揮」，此誤作「撣」，注同。《旁證》云：「本書潘安仁《金谷集詩》『幾波連珠揮』語，似用此」。

許氏《筆記》曰：注引《左傳》杜注曰：「撣，湔也。」案：杜注，是「奉匜沃盥，既而揮之」「揮」字之注。《江賦》「揮弄灑珠」、《金谷集詩》「激波連珠揮」，並用此賦。《說文》：「撣，提持也。徒旱切」，非此所用也。「撣」，當為「揮」。

【疏證】

尤本並注作「揮」、作「忱」。五臣正德本、陳本作「揮」，奎本以下諸六臣合注本並注作「揮」、悉無「呂忱曰」七字，謹案：呂忱，《隋書・經籍志一》載：「《字林》七卷。晉弓弦令呂忱撰。」本書善注屢引，如：《長楊賦》「明年上將大誇胡人」、《報任少卿書》「在闒茸之中」、《辯亡論上》「以禨祥協德」等。然「波，水涌也」，本書謝希逸《月賦》「淪池滅波」注引作「《說文》」。尤本或已誤書名，毛本作「呂披」字，是誤中又誤矣。「揮」字。五臣作「揮」，向注可證。善本作「揮」，注已明示。本書《江賦》「揮弄灑珠」、《金谷集詩》「激波連珠揮」注並引本賦，並作「揮」，已見諸家徵引。毛本從尤本而傳寫誤作「撣」。陳、何校當依《隋書》、本書內證、尤本等正之。下句「聲礚礚而澍淵」注，即引「《字林》曰：礚，大聲也」。

秋蜩不食　注：《爾雅》曰：蜩，良蜩。

【陳校】

注「良蜩」。「良」，作「蜋」。

【集說】

余氏《音義》曰：「良蜩」。「良」，何改「蜋」。

【疏證】

奎本以下諸六臣合注本、尤本悉作「蜋」。謹案：《爾雅注疏・釋蟲》正作

「蜋蜩」。「蜋蜩」，又作「良蜩」，見於《大戴禮記・夏小正》卷二、《夏小正戴氏傳》卷二等，《方言》卷十一引同。清・沈廷芳《十三經注疏正字・爾雅・釋蟲》曰：「蜩，蜋蜩。注：蜋蜩者，五彩具。」（沈）案：「蜋，《夏小正》作良。」皆可證。「良」加「虫」旁，當後起字。然則，毛本作「良」，未必誤，陳、何校不必改矣。

密漠泊以獑猭　注：猭，欶員切。

【陳校】

注「猭，欶員切」。「欶」，舊作「勑」。

【疏證】

奎本以下諸六臣合注本、尤本悉作「勑」。謹案：《廣雅・釋詁》：「勑，順也。」王氏《疏證》卷二云：「敕，理也。理，亦順也。勑與敕通。」《集韻・職韻》：「敕，古从力。」又：「敕，或作勑。」《說文》：「敕，誡也。从攴，束聲。」本書張平子《西京賦》「毚兔聯猭」注引作「勅」。檢《說文・欠部》：「欶，吮也。从欠，束聲。」是敕、勅（或體）、勑（俗字）三字通，與「欶」音義並異。此毛本獨因形近而誤。陳校當從本書內證、尤本等正之。

羅鱗捷獵　注：言簫之形也……如羅鱗布列也。

【陳校】

注「如羅鱗」。「鱗」上，脫「魚」字。

【疏證】

奎本以下諸六臣合注本同。尤本有「魚」字。謹案：審上下文義，似以尤本有「魚」字為長。陳校當參尤本補之。

瞋嗞啁以紆鬱　注：嗞與頤劉並音含。

【陳校】

注「劉並音含」。「劉」字衍。

【集說】

胡氏《考異》曰：注「嗞與頤劉」。袁本、茶陵本「劉」作「同」。案：

二本最是。陳云「劉字衍。」非也。

梁氏《旁證》曰：六臣本「劉」作「同」，是也。陳曰「劉字衍。」非。

姚氏《筆記》曰：何：「衍劉字」。

【疏證】

尤本同。諸六臣合注本「劉」字，悉作「同」。謹案：檢《集韻・覃韻》：「唅，唅㘅，怒氣。」《廣韻・覃韻》：「顄，顄頤。」二字並與「含」在同部，音同。「劉」係譌字，並非如陳、何校所謂「衍字」。胡、梁兩家皆以出陳校，姚氏歸之何校，蓋以傳鈔不能別師弟故矣。

獵若枚折 注：獵，聲也。……《廣雅》曰：獵，折也。

【陳校】

「獵」，當作「擸」。注同。

【集說】

孫氏《考異》曰：「擸若枚折。」「擸」，誤「獵」。

胡氏《考異》曰：「獵若枚折。」陳曰云云。袁本云：善作「獵」。茶陵本云：五臣作「擸」。今案：善注「獵，聲也」，未見必用「擸」字，《廣雅》一條，又本非善注，此為善「獵」、五臣「擸」無疑。陳欲以五臣改善，殊非。

梁氏《旁證》曰：五臣「獵」作「擸」，良注可證。陳曰：「獵，當作擸。」胡公《考異》曰：「善注：『獵，聲也。』未見必用擸字。」

許氏《筆記》曰：「獵若」。「獵」，當作「擸」，其字从手。嘉德案：陳亦云「獵，當作擸，注同。」是也。胡以六臣脫「《廣雅》注」而云「善獵」。誤矣。「獵」與「擸」異義。注「《廣雅》：『擸，折也』」，賦言「若枚折」，善自作「擸」。

【疏證】

尤本並注同。五臣正德本、陳本皆作「擸」，奎本、明州本同，校云：善本作「獵」。注並從「犭」。贛本並注作「獵」校云：五臣作「獵」。建本並注作「獵」，校云：五臣作「擸」。上諸六臣合注本並無《廣雅》一條。謹案：五臣作「擸」，良注可證。擸與獵，並從巤得聲，字當得通。今《廣雅・釋詁三》：「擸，……奉、持也。」「擸」下音注：「獵」。《說文通訓定聲・謙部》：「擸，叚借為獵。」《史記．日者列傳》:「宋忠、賈誼瞿然而悟，獵纓正襟危坐。」《索隱》:「獵，攬也。攬其冠纓而正其衣襟，謂斂而自飾也。」並是相通之證。然則，善從「犬」蓋假字，五臣從「手」字，反為本字。善與五臣既有異同，陳校欲改從本字，亦不必焉。

漂乍棄而為佗 注：佗，謂奇聲也。言……棄其舊調而更謂奇聲。

【陳校】

注「更謂奇聲」。「謂」，作「為」。

【疏證】

奎本以下諸六臣合注本、尤本悉作「為」。謹案：注下「謂」字，當涉上而來。然「謂」，與「為」通，本書屢見，陳校不改也得。

要復遮其蹊徑兮，與謳謠乎相龢 注：謳謠已發，簫聲於其蹊徑，要發而遮之，與之相和也。

【陳校】

注「發而遮之」。「發」，作「復」。

【疏證】

奎本以下諸六臣合注本、尤本悉作「復」。謹案：銑注云：「要復，猶伺候也。」今按：復與腹通。《睡虎地秦墓竹簡．治獄程式》:「甲到室，即病復痛」。《漢書敘傳上》:「復心弘道，惟聖賢兮」蕭該《音義》「復，一作腹。張晏曰：『以道為腹心也，弘道達於天地之性命也。』」並是「復」與「腹」通之證。故「要復」，即「腰腹」，半途、中間也。「遮之」，即斷也、攔也、橫道自言也，合「要復遮」三字，始有「伺候」義，即善所謂「要復而遮之」云，亦即銑注：「簫曲伺候謳者發聲，如遮其道路」云云。毛本作「要發」則不辭，彼蓋涉上文而誤，陳校當據正文、尤本等正之。

佚豫以沸渭 注：《埤蒼》曰：沸渭不安貌。沸，或為潰，扶味切。渭音謂。

【陳校】

「渭」，作「惰」。注同。又注「或為潰」。「潰」，作「瀆」。

【集說】

朱氏《集釋》曰：「佚豫以沸憒」注引《埤蒼》曰：「怫憒不安貌。」案：桂氏《札樸》云：「《玉篇》、《廣韻》作『怫憒』，並與《埤蒼》訓同。汲古閣本作『沸渭』，後人亂之也。《笙賦》：『中佛鬱以怫憒』，李善、五臣二本並从立心。」余謂：觀注引《埤蒼》，則正文自作「怫憒」。注又云：「沸或為潰。」「潰」，即「沸」字，當亦是「怫，或為沸」。後人遂從或本耳。而胡氏《考異》未之及。

許氏《筆記》曰：《琴賦》、《笙賦》皆作「怫憒」，其字並从心。

【疏證】

尤本作「沸憒」，注作「怫憒。五臣正德本、陳本作「沸渭，奎本、明州本、建本同，校云：善作憒」，善注作「怫憒」。贛本作「渭」，校云：善作「僨」，餘同奎本。六臣合注本、尤本注並作「潰」。謹案：本條善作「怫憒，注引《埤蒼》可證，又本書《琴賦》、《笙賦》善與五臣皆作「怫憒」，故足可信從。本條五臣正德本、陳本並作「沸渭」，良注亦同，然《琴賦》、《笙賦》五臣字「並从立心」《笙賦》亦有良注可證，故此處五臣「沸渭」，當如桂氏說「後人亂之」，毛本因之而誤。贛本校作「僨」，乃「憒」之俗譌字。至於注「潰」字，毛本獨誤，上六臣合注本、尤本並作「潰」，是也。陳校亦是，當從尤本耳。朱說亦可備一說。

浸淫叔子遠其類　注：毛萇《詩傳》曰：昔顏叔子獨處于室，隣之嫠婦，……自為避嫌不審矣。

【陳校】

「毛萇《詩傳》」。見《小雅・巷伯》二章。

【集說】

余氏《音義》曰：「毛萇《詩傳》曰：昔顏叔子。」何引陳云：「《毛詩》無顏叔子事，所引書名當有誤。」案：顏叔子事，見《毛萇傳・巷伯》二章。

葉刻：何校：陳云：「《毛詩》無叔子事，所引書名當有誤。」案：顏叔子事，見《毛萇傳・巷伯》二章。

梁氏《旁證》曰：余曰：「陳景雲謂：『《毛詩》無顏叔子事。』案：顏叔子事，見《巷伯》二章毛萇《傳》。」

姚氏《筆記》曰：何云：「陳云：《毛詩》無叔子事，所引書名當有誤。」余蕭客按：「此見《巷伯詩》傳。」

許氏《筆記》曰：何云：「或以《毛詩》無叔子事，所引書名當有誤。」又一何校云：「此《小雅．巷伯》二章傳。」蓋何語本相連屬，傳寫者各誤脫耳。

【疏證】

奎本以下諸六臣合注本、尤本同。謹案：古人校勘用語簡易，本條「案」下「顏叔子事」十二字，遂有三種理解：一歸陳校，如《舉正》；一繫何校，如許校；一屬余校，如葉刻、姚氏、梁氏。一歸屬未明，如葉刻。今玩上下二句文義，陳疑善注書名有誤，而叔子事實見於毛《傳》，故十二字必不出陳校；復輔以余氏《音義》迻錄何校體例，凡注文迻錄何校一般不冠「何校」字樣，若有己說，則加「案」字以別，故當以姚、梁二家說為得。姚說尤為切要無餘辭。《舉正》最非，黃中當未讀《音義》爾。

嚚頑朱均惕復慧兮，桀跖鬻博儡（以）頓頟 注：《史記》曰：舜子商鈞亦不肖。……陸機《夏育贊》曰：申博角勇，臨頟奮推。

【陳校】

注「商鈞」。「鈞」，「均」誤。又「奮推」。「推」，「椎」誤。

【疏證】

贛本、尤本作「均」、「椎」。奎本、明州本、建本作「均」、「推」。謹案：商均，事見《史記．五帝本紀》，字正作「均」。又，此據正文亦可正。「奮椎」，係成語。本書張景陽《七命》「豐隆奮椎，飛廉扇炭」注引「《越絕書》薛燭曰：『當造此劍之時，雨師洒掃，雷公（即「豐隆」）擊橐，蛟龍捧爐，天帝裝炭。』」「奮椎」，始得「擊橐」，故「推」必「椎」之誤此或魏晉以來，俗寫木旁與扌旁不分所致。正德本《曹子建集．寶刀賦》「烏獲奮椎，歐冶是營」，亦用「奮椎」字。毛本當誤從建本等，陳校當據本書內證、尤本等正之。

則彷徨翱翔 注：《埤蒼》曰：彷徨，猶彷彿也。

【陳校】

注「彷彿」。「彿」，「徉」誤。

【集說】

胡氏《考異》曰：注「《埤蒼》曰：仿徨，猶仿佯也。」袁本、茶陵本無此九字。

【疏證】

尤本作「佯」。奎本以下諸六臣合注本並無此九字。謹案：「仿徨」即「彷徨」，遨遊也，徘徊也，徙倚也，與「彷佯」義同。仿佯，又作「彷徉」。本書宋玉《招魂》有「彷徉無所倚」，善注同。復檢《經典釋文·莊子音義上·逍遙遊》「彷徨」：「彷徨，猶翱翔也。崔本作『方羊』。《廣雅》云：『彷徉，徙倚也』」。「仿佛（彷彿）」與之，義全不合，毛本當從尤本而有誤。陳校從本書內證、尤本等正之，是也。

或留而不行，或行而不留　注：言逝止無常。狡，急也。弄，小曲也。

【陳校】

注「狡，急也。弄，小曲也。」按七字當在上條「猶彷佯也」下。

【集說】

許氏《筆記》曰：注「狡，急也；弄，小曲也」七字，當在上文「狡弄」二句之下。嘉德案：六臣本「時奏狡弄」四句為段，故注合一處。今本二句下加注，校分者誤之。

【疏證】

尤本誤植同。奎本以下諸六臣合注本不誤。謹案：七字，蓋「則彷徨翱翔」上句「時奏狡弄」之注。尤本二句為注，六臣蓋合「時奏」四句為注。科段不同，後人分合，因有誤植。毛本則誤從尤本。陳氏、二許校皆是。此亦尤本從六臣合注本剝離之一證。

則莫不愴然累欷，擎涕抆淚　注：《說文》曰：擎，拭也。《廣雅》曰：歔，悲也。抆，亦拭。

【陳校】

注「歔，悲也。」「歔」下，脫「欷」字，又「亦拭」下，脫「也」字。

【集說】

胡氏《考異》曰：注「《說文》曰」，袁本、茶陵本無此三字。又曰：注

「歔欷悲也。」袁本、茶陵本無此四字。

姚氏《筆記》曰：何校本「歔」上增「欷」字，誤也。余以《廣雅》校改「歔欷」，然（如）［知］注文似作「歔欷悲也」。

【疏證】

尤本注作「歔欷」。有「也」字。奎本以下諸六臣合注本無「歔悲也」三字，作：「揅，拭也。《廣雅》曰：『抆，亦拭也。』」謹案：欷，見《廣雅・釋詁三》：「欷，悲也」，又《說文・欠部》：「欷，歔也。」善注原當作：「揅，拭也。《廣雅》曰：『欷，悲也。』抆，亦拭也。」《廣雅》「欷悲也」當釋正文「欷」字。善於此字不當無注。此當先是有人於行間「欷」上旁注「《說文》欷，歔也。」後人傳鈔誤入注文：「說文」誤置「揅」上、「歔」字誤入「欷」上，遂至二處羨文。「抆」，見《廣雅・釋詁二》：「抆，拭也。」因「廣雅」已見上文故略去；復改作轉述語，故「拭」上加「亦」字，以應上「揅，拭也。」不如此解，則「揅」上「《說文》曰」無法釋其來歷：因「揅」，《說文・手部》訓作「別」、「擊」，並無訓「拭」。故尤本絕不能引《說文》以釋「揅」。綜此，毛本「歔」下脫「欷」字，陳校增「欷」字，蓋從尤本，是。姚氏同。何校則倒矣。奎本無「歔悲也」三字，蓋傳寫者無知妄刪焉。明州本以下直至袁本、茶陵本，則以譌傳譌耳。「（亦）拭」下「也」字，《廣雅》原有，陳校據補毛本，亦是。

是以蟋蟀蚸蠖　注：《爾雅》曰：蟋蟀也。……《爾雅》曰：蠖，蚸蠖也。郭璞曰：今蝍蛛也。

【陳校】

注「今蝍蛛也」。「蛛」，「蛛」誤。

【集說】

余氏《音義》曰：「蝍蛛」。「蛛」，何改「蝛」。

胡氏《考異》曰：「《爾雅》曰：蟋蟀」下至「今蝍蝛」。袁本、茶陵本無此二十七字。

【疏證】

尤本作「蝛」。奎本以下諸六臣合注本悉無前胡所云二十七字。謹案：《爾雅注疏・釋蟲》：「蠖，蚇蠖。」注：「今蝍蝛。」《太平御覽》卷九百四十八引同。尤本當據別本補。毛本從尤本而有誤，陳、何蓋依尤本、《爾雅》等正之。

遷延徙迤　注：知退貌。

【陳校】

注「知」，作「卻」。

姚氏《筆記》曰：注「知退貌」，「知」，改「卻」。

【疏證】

奎本以下諸六臣合注本、尤本悉作「卻」。謹案：此善注「遷延」字。《左傳．襄公十四年》：「夏，諸侯之大夫從晉侯伐秦……伯游曰：『吾令實過，悔之何及。』乃命大還。晉人謂之遷延之役」杜預注「遷延，卻退」。本書司馬長卿《難蜀父老》「遷延而辭退」五臣良注「遷延，卻退貌。」亦可參證。此毛本獨傳寫因形近而譌，陳校當據上下文義及五臣注而正之。去，隸書作谷，故卻與郤同。

舞賦一首　傅武仲

題下注：按：《周禮》……《呂氏秋》曰：堯時陰氣渫伏，陽氣閉塞。徒人舞蹈以達氣。舞者，音聲之容也。

【陳校】

注「呂氏」下脫「春」字。又「氣渫伏」。「渫」，作「滯」。又「徒人舞蹈」。「徒」，作「使」。

【集說】

余氏《音義》曰：「渫伏」。「渫」，何改「滯」。「徒人」。「徒」，何改「使」。

胡氏《考異》曰：「按《周禮》」下至「音聲之容也」，袁本、茶陵本無此五十一字。

【疏證】

尤本作「滯」、作「使」。奎本、贛本無此五十一字。明州本、建本題下無注。謹案：「滯伏」，語見《呂氏春秋．古樂》篇，作「滯」、「作為舞以宣導之」。前者，無須再辨，後者可為作「使」之佐證。尤本當據別本補，毛本當從尤本而有二字形近之誤，陳、何校蓋依《呂覽》、尤本等正之。

傅武仲　注：范曄《後漢書》曰：傅毅字武仲，扶風茂陵人也。少博學。建初中，肅宗博召文學之士，以毅為蘭臺令史。少逸氣。亦與班固為竇憲府司馬。早卒。

【陳校】

注「少逸氣」。今本范《書》無此三字。

【集說】

余氏《音義》曰：何曰：「少逸氣」，今本《後漢書》無。

胡氏《考異》曰：注「少逸氣」。袁本無此三字。又曰：「亦與班固為竇憲府司馬」。袁本此十字作「遷竇憲司馬」五字，茶陵本此節注併入五臣，全非。

梁氏《旁證》曰：何曰云云。按：六臣本注無「少逸氣亦與班固為」八字、「竇」字上有「遷」字。

姚氏《筆記》曰：注引《後漢書》曰：「以毅為蘭臺令史。少逸氣」，何云「今本」云云。範以意改「拜郎中」。

許氏《筆記》曰：「傅武仲」下注「少逸氣亦與班固」七字，衍。

【疏證】

尤本同。奎本善注無「少逸氣亦與班固為」八字，良注略同。明州本良注同奎本，首省稱作「善同良注」。贛本、建本倒置明州本：「善同良注」居前。良注同明州本。謹案：今本《後漢書》亦無「少逸氣亦與班固為」八字。善與五臣同引范《書》，六臣祖本奎本良與善注，文字亦大略相同，並無「少逸氣亦與班固為」八字，而今見於尤本，則尤本當別有所自。陳、何校祇羅列異聞，並下「今本」二字，倍見其師徒之謹慎。

將置酒宴飲

【陳校】

（宴飲）下，舊本有「謂宋玉曰」四字。

【疏證】

諸《文選》本咸有「謂宋玉曰」四字。謹案：《藝文類聚》卷四十三引、宋·章樵註《古文苑》卷二引並有此「謂宋玉曰」四字。毛本獨脫，陳校補之是。諸《文選》本並可當陳校所謂「舊本」。陳所謂「舊本」，或則諸《文選》本皆不在其范疇，似為他書；或則諸《文選》本皆可當，如本條。可見彼有相當寬泛的、模糊的內容，與傳統之概念並不一致，故難免後人誤解。

陽阿之舞　注：《淮南子》曰：夫足蹀陽阿之舞。鄭人聽之曰：不若延露以和。非歌者拙也，聽者異也。

【陳校】

注「鄭人聽之。」舊本「鄭」上，有「又曰：歌采蔆，發陽阿」八字。又「鄭」，當作「鄙」。見後卷《長笛賦》注。

【集說】

胡氏《考異》曰：注「又曰：歌采蔆」下至「聽者異也」。袁本、茶陵本無此二十八字。

姚氏《筆記》曰：注引《淮南子》曰：「夫足蹀陽阿之舞。鄭人聽之曰：『不若延露以和。』」按：「舞」下，何校增「又曰：歌采菱、發陽阿」八字、「鄭」，改「鄙」。樹按：後《長笛賦》注引甚明。「延露」，前《月賦》注作「延靈」。

【疏證】

尤本「舞」下有「又曰：歌采蔆」等八字、「鄭」，作「鄙」。奎本以下諸六臣合注本悉作「《淮南子》曰：夫（贛本獨脫「夫」字）足蹀陽阿之舞」、無「又曰：歌采蔆」八字及「鄭人」下至「聽者異也」二十字。謹案：「夫足蹀陽阿之舞」，見《淮南子·俶真》篇，何校增語，見《人間》篇。文字略有不同，「鄭」正作「鄙」。本書曹子建《七啟》「紹陽阿之妙曲」注引《人見篇》亦誤「鄭」。其餘如左太沖《吳都賦》「或超延露而駕辯」注、謝希逸《月賦》「惆悵陽阿」注、馬季長《長笛賦》「下采制於延露巴人」注引悉作「鄙人」。毛本形近而譌，陳、何校當據本書內證、尤本等補正。

噫可以進乎　注：鄭玄注《禮記》曰：噫，沸鬱之聲。

【陳校】

注「沸鬱之聲」。「沸」，作「弗」。

【集說】

余氏《音義》曰：「沸寤」。「沸」，何改「弗」。

胡氏《考異》曰：注「鄭玄注《禮記》曰：噫，沸寤之聲」，袁本、茶陵本無此十一字。

【疏證】

尤本作「弗」。奎本以下諸六臣合注本悉無此十一字。謹案：語見《禮記注疏・檀弓下》，字作「不」。宋・毛晃增註《增修互註禮部韻略・七之》引同。按「弗」與「不」同。「沸」，從「弗」得聲，字或亦可通。《史記・鄭世家》：「襄公卒。子悼公濆立」索隱：「鄒本一作弗，一作沸。《左傳》作費，音扶味反。」《唐韻正・入聲・八物》：「弗，分勿切。去聲，則音沸。」下引「《史記・鄭世家》：悼公濆」云云，案云：「《說文》沸、費皆以弗得聲。」是二字可通之證。毛本不誤，陳、何校不必依尤本改焉。

所以陳清廟　注：《毛詩》曰：《清廟》，祀文王也。

【陳校】

注「《毛詩》」下脫「序」字。

【疏證】

奎本以下諸六臣合注本、尤本悉脫。謹案：語見《毛詩注疏・周頌・序・清廟之什》。本書王子淵《四子講德論》「詠文王之德而作清廟」、蔡伯喈《郭有道碑文》「清廟虛歸」注引並脫，惟班孟堅《典引》「豈蔑清廟」注引有「序」字。毛本當誤從尤本等，陳校當從《毛詩》等補之。本條亦前胡《考異》漏錄、漏校者。

漫既醉其康樂　注：《楚辭》曰：吾欣欣兮樂康。

【陳校】

注「吾欣欣兮樂康。」「吾」，「君」誤。

【疏證】

奎本以下諸六臣合注本、尤本悉作「君」。謹案：《楚辭》，見《九歌・東皇太一》，亦載本書，並作「君」。毛本獨因形近而誤，陳校當從《楚辭》、本書內證、尤本等正之。

於是鄭女出進 注：《淮南子》曰：鼓舞，或作鄭舞。高誘注曰：鄭襄也。楚王之幸姬。……女樂羅（列）〔些〕。

【陳校】

注「鄭襄」。「襄」，「褏」誤。

【集說】

余氏《音義》曰：「鄭襄」。「襄」，何改「褏」。

胡氏《考異》曰：注「《淮南子》曰鼓舞」下至「女樂羅些」。袁本、茶陵本無此四十字。

【疏證】

尤本作「褎」。奎本以下諸六臣合注本悉無此四十字。謹案：《淮南子》，見《修務》篇，作「袖」。「褏」與「袖」，古今字。《漢書・董賢傳》：「嘗晝寢，偏藉上褏。上欲起，賢未覺。不欲動賢，乃斷褏而起。」顏注：「褏，古袖字。」是其證。尤當據別本補。陳、何校當從《淮南子》、尤本等正之。

揮若芳 注：《七發》曰：榆流波，雜杜若。

【陳校】

注「榆流波」。「榆」，作「揄」。

【疏證】

奎本以下諸六臣合注本、尤本悉作「揄」。謹案：《藝文類聚》卷五十七正作「揄」，《七發》載在本書，亦作「揄」。此古人傳寫「木」、「扌」旁不分之譌，毛本誤從之，陳校當據《七發》、尤本等正之。

慢未事之骫曲 注：《周禮》曰：骫，懸也。

【陳校】

「未」作「末」。又注「骫，懸也。」「骫」，作「弛」、衍「也」字。

【疏證】

諸《文選》本並作「末」。奎本以下諸六臣合注本、尤本注悉作「弛」，有「也」字。謹案：五臣作「末」，翰注可證；善本則據注「言鄭、衛之末事，而委曲順君之好無」，亦可證作「末」。作「未」，毛本獨因形近而誤。陳校當據尤本等正之。《周禮》，見《春官宗伯下・大司樂》:「凡國之大憂，令弛縣」鄭注:「弛，釋下之，若今休兵鼓之為」，無「也」字。然顏真卿《顏魯公集・朝會有故去樂議》引《周禮・大司樂職》云:「大臣死，令弛懸」鄭注云:「弛，謂釋下也。」宋・王溥撰《唐會要・論樂》亦收顏此疏。是唐人所見《周禮》本與今本有異。善注有「也」，亦得。陳校但據今本《周禮》，未免拘泥。前胡《考異》不就尤本「也」出校，亦宜，此非漏錄陳校也。

舒恢炱之廣度兮　注：恢炱，廣大之貌。……言度之恢炱，者，更今舒貌。

【陳校】

注「恢炱」。「炱」，「炱」誤。又「更今舒貌」。「今」，作「令」、「貌」作「緩」。

【疏證】

奎本以下諸六臣合注本、尤本悉作「炱」、「令」、「緩」。謹案:《通雅・天文》云「傅毅《舞賦》: 舒恢炱之廣度。其義大也。而字以炱，蓋火氣發揚，即有動盪廣大之意。」亦作「炱」。此毛本獨傳寫之譌。陳校當據尤本等正之。

哀《蟋蟀》之局促　注:《毛詩》曰:《蟋蟀》，刺晉僖公也。儉不中禮。

【陳校】

注「《毛詩》」下，脫「序」字。又，「晉僖公」。「僖」，當作「昭」。

【集說】

余氏《音義》曰:「晉懷」。「懷」，何改「昭」。

梁氏《旁證》曰:何校「懷」改「昭」。六臣本、尤本作「僖」，亦誤。

許氏《筆記》曰:注「刺晉懷公」，何改「僖公」。

【疏證】

奎本以下諸六臣合注本、尤本悉作「僖」、脫「序」字。謹案:《毛詩》，見《唐風・蟋蟀序》，毛本當誤從尤本等，陳校但據上下文義信手可補。「僖」字，宋儒本有兩說:作「僖」者，見通行本;作「昭」者，乃據《詩》別本。如:《記纂淵海》卷一百:「《經・蟋蟀》: 刺晉昭公也。」魏氏《五百家注昌黎文集・奉使常山次太原呈副使吳郎中》:「地失嘉禾處,《風》存《蟋蟀》辭」孫汝聽注曰:「晉《國風》有《蟋蟀》詩,刺昭公之儉。」是宋人見作「昭」之證。清・姚際恒《詩經通論》卷六《唐・蟋蟀》則云:「《小序》謂刺晉昭公。無據。」否定作「昭」說。余氏所見何校作「昭」,許氏則謂何校作「僖」,豈何亦前後有變化歟?陳校則以作「昭」是。兩存之可也。

啟泰貞之否隔兮 注:太貞,太極之氣也。

【陳校】

「貞」,作「真」。注同。又,注「太極之氣。」「之」,作「真」。

【集說】

孫氏《考異》曰:何校「貞」作「真」,云「楊太真」本此。

【疏證】

諸《文選》本悉作「真」,奎本以下諸六臣合注本、尤本善注同。謹案:《古今合璧事類備要》外集卷十二作亦作「真」。顧炎武《唐韻正》卷十五引本賦,亦作「真」。善本作「真」,注已明見,五臣亦作「真」,良注可證。毛本獨誤,陳、何校是。「之」字,奎本以下諸六臣合注本同,尤本作「真」。毛本當誤從建本等,陳校當據尤本系統本正之。

贊舞操 注:舞操而奏操也。

【陳校】

注「舞操而奏操」。下「操」字誤。

【集說】

余氏《音義》曰:「而」上,何增「舞」字。

胡氏《考異》曰:注「而奏操也」。何校「而」上添「舞」字。是也,各本皆脫。

梁氏《旁證》同胡氏《考異》。

【疏證】

奎本、明州本、尤本、建本同。贛本「而」上獨有「舞」字,是。謹案:毛本誤從尤本等,何校當依贛本正之。前胡、梁氏校從之。陳校亦非。

綽約閒靡，機迅體輕　注：綽約，美貌。閒美，閒婉而柔美。赴曲機疾，體自輕妙。《上林賦》曰：便娟綽約。《莊子》曰：綽約若處子。

【陳校】

注「閒美」。「美」，「靡」誤。

【集說】

胡氏《考異》曰：注「閑美」。陳曰云云。是也，各本皆誤。

梁氏《旁證》曰：陳校兩「美」並改「靡」，是也。

【疏證】

奎本以下諸六臣合注本、尤本悉同。謹案：本條二句，頗可懷疑：一，五臣正德本良注作：「綽約，美貌。閒靡，閒婉而柔靡。赴曲機疾，體自輕妙。」以之比勘善本，除徵引《上林賦》與《莊子》固為善注本色，兩「美」作「靡」外，其餘竟無不同。二，善注先釋「綽約」，次釋「閒靡」，本無不可，然既釋「閒靡」後，竟復徵《上林賦》、《莊子》以證「綽約」，非但重複累贅，又失倫次，殊難以理解矣。竊以為：徵引二條出李善，其餘文字，皆後人以五臣注誤入善注。兩「美」字，則是再經後人竄改，亦以疑其雷同焉。故今檢奎、明二本良注與五臣正德本全同，至贛、建二本，已去其首尾，惟存「閒靡」七字矣。然則，毛本當誤從尤本等，陳校、前胡、梁氏三家並非也。

按次而俟　注：俟，待也。言待次第而幽也。

【陳校】

注「次第而幽」。「幽」，「出」誤。

【集說】

余氏《音義》曰：「而幽」。「幽」，何改「出」。

【疏證】

奎本以下諸六臣合注本、尤本悉作「出」。謹案：此毛本獨形近而譌，陳、何當據尤本等正之。

眄般鼓則騰清眸　注：王粲《七釋》曰：七盤陳於廣庭，疇人嚴其齊俟。

【陳校】

注「嚴其齊俟」。「嚴」，「儼」誤。

【集說】

余氏《音義》曰：「嚴其」。「嚴」，何改「儼」。

【疏證】

奎本以下諸六臣合注本、尤本悉作「儼」。謹案：《藝文類聚》卷五十七亦作「儼」。儼，從「嚴」得聲，字或可通。《釋名・釋言語》：「嚴，儼也。儼然，人憚之也。」《尚書・無逸》：「昔在殷王中宗，嚴恭寅畏天命自度」釋文：「馬（融）作儼。」《荀子・儒效》：「嚴嚴兮其能敬已也」楊倞注：「嚴兮有威重之貌。能敬已不可以干非禮也。嚴，或為儼。」皆其證。毛本當有所出，或好古字之癖，陳、何亦不必改也。

吐哇咬則發皓齒　注：《說文》曰：迭，諂聲也。咬，淫聲也。烏文切。

【陳校】

注「迭，諂聲」。「迭」，「哇」誤。「烏文切」，當作「烏交」。

【疏證】

尤本作「哇」、「交」。奎本作「哇」、「烏交」。明州本、贛本、建本並作「哇」，音注「烏交」在「咬」字下。謹案：《說文》，見《口部》，正作「哇」，本書潘安仁《笙賦》「哇咬嘲哳」注引《說文》同。毛本獨因傳寫誤作「迭」、「文」。陳校當從《說文》、本書內證、尤本等正之。

經營切儗　注：相摩切也。鄭玄《禮記注》曰：儗，猶比也。魚里切。儗，引也。言舞人舉引，皆有所比儗也。

【陳校】

注「相摩切」。「相」上脫一「切」字。又「儗，引也」三字衍。

【集說】

胡氏《考異》曰：注「相摩切也。」袁本、茶陵本「相」上有「切」字。是也。又曰：注「扱，引也」下至「《廣雅》曰：扱，引也。」袁本、茶陵本無此二十字。

【疏證】

尤本有「切」字、衍「扱，引也」以下二十字。奎本以下諸六臣合注本有「切」字，無「扱，引也」三字。謹案：「切」字，毛本蓋因涉上「佗歷切」

之「切」字而脫。「僢，引也」三字，已在前胡所言二十字中，「僢」，又「扱」之誤，此一層，陳校未悟。

闇復輟已　注：言翼然而往，闇而復趾。

【陳校】

注「闇而復趾。」「趾」，「止」誤。

【集說】

胡氏《考異》曰：注「言翼然而往，闇而復止。」袁本、茶陵本無此九字。

【疏證】

尤本作「止」。奎本以下諸六臣合注本並無此九字。謹案：「趾」為「止」之後起字，亦有停止之義，故字可通。《釋名・釋形體》：「趾，止也。言行一進一止也。」《管子・弟子職》：先生將息，弟子皆起，敬奉枕席，問所何趾？」郭沫若等《集校》引王若蘭云：「《說文》無趾字。止，即是問足所止何方？非趾之謂。」是其證。毛本當別有所據，非誤也。陳校不必從尤本等改焉。

超趫鳥集　注：《字林》曰：鳥趫跳也。趫

【陳校】

注「鳥趫跳」。「跳」，作「超」。

【集說】

顧按：當作「趫，馬跳也。」見《玉篇・走部》)

胡氏《考異》曰：注「《字林》曰：鳥趫跳也」。袁本、茶陵本無此七字。

【疏證】

尤本誤同。奎本以下諸六臣合注本並無此七字。字見《重修玉篇・走部》：「趫，式句切。馬跳也。」顧按是。陳校亦非。本條亦可窺見自顧校至《考異》之變化軌跡。

黎收而拜　注：言舞將罷，徐收斂容態而拜。曲度於是究畢。《蒼頡篇》曰：邌，徐也。邌與黎同，力奚切。

【陳校】

注「力奚切」。舊本下有「曹憲曰：瞜瞅而拜，上音戾，下居蚪反。今檢

《玉篇・目部》，無此二字」二十四字。

【集說】

余氏《音義》曰：六臣作「目黎目收」，音黎收。何曰：「曹憲曰：『目黎目收而拜。上，音戾，下，居虯反。』今撿《玉篇・目部》無此二字。」

胡氏《考異》曰：注「曹憲曰瞭䁯」下至「無此二字」。袁本、茶陵本無此二十二字。

張氏《膠言》曰：按：《集韻》：「遻」，即古「遲」字。五臣作「瞭䁯」。上音戾，下居虬反。何云：「今檢《玉篇》無此二字。」雲璈檢今《字典》亦有「瞭」無「䁯」。

梁氏《旁證》曰：五臣「黎收」作「目黎目叔」，翰注可證。按《玉篇・目部》無此二字。

姚氏《筆記》曰：何云：「五臣作瞭䀫。注：力奚切下，有「曹憲曰……今檢《玉篇・目部》無瞭䁯字。」

朱氏《集釋》曰：余謂：善注釋「徐收斂容態」，義已明晰，乃下又云「曹憲曰：瞭䀫而拜，上音戾，下居蚪反。今檢《玉篇・目部》無此二字。」胡氏《考異》謂：「此注為袁本、茶陵本所無。」然則，係後人所竄入，無者是也。殆誤認「黎收」為雙字，強加目旁。五臣作「目黎目叔」，「叔」與「收」字形相似，又誤中之誤矣。宜從李氏原注為正。「曹憲」云云，蓋不足憑也。

胡氏《箋證》曰：按：《玉篇》：「瞭，視也。」「䀫」字，《篇韻》不載，蓋涉「瞭」字誤加「目」旁。而《集韻》從之，……非古也。

許氏《筆記》曰：五臣作「瞭䀫」。何云：「檢《玉篇・目部》無此二字。」案：李注極明白易曉，何引「曹憲：上音戾，下音居虯反。」未知其審。嘉德案：……胡氏曰：「『曹憲曰』，下至『無此二字』止二十二字，茶、袁本無。」案：汲古（各）［閣］善本亦皆無此二十二字，豈誤以何引「曹憲云云」為李注耶？

【疏證】

尤本有「曹憲曰」下二十二字。奎本以下諸六臣合注本悉無此二十二字。謹案：「曹憲曰」二十二字，已見尤本「善注」，陳、何校遂引以補毛本，實並未知尤本此二十二字，雖容或有本，然頗可懷疑焉。朱氏《集釋》謂「宜從李氏原注為正。曹憲云云，蓋不足憑」，最可信從。嘉德譏前胡「誤以何引為李注」，是不讀尤本之故焉。本條，又見陳校以「舊本」稱尤本矣。

擾攘就駕　注：《埤蒼》曰：攘，疾行貌。《史記》曰：天下攘攘。

【陳校】

「攘」作「躟」。注並同。

【集說】

胡氏《考異》曰：「擾躟就駕。」袁本、茶陵本「躟」作「攘」。案：此疑尤誤改耳。又曰：注「《埤蒼》」下至「天下攘攘」。袁本、茶陵本無此十三字，作「擾攘，爭貌」四字。

【疏證】

尤本並注作「躟」。五臣正德本、陳本作「攘」。奎本以下諸六臣合注本並作「攘」，注作「擾攘，爭貌」，無「《埤蒼》曰」下至「攘攘」十四字。謹案：五臣作「攘」，銑注可證。

善本作「躟」，容有來歷。檢《集韻・養韻》：「攘，擾也。」是「擾攘」與「攘攘」同。《玉篇》：「躟躟，疾行貌。」是「躟躟」與「攘攘」，音義並同。故善本無論作「攘攘」如五臣；作「躟躟」，如《玉篇》，皆得。考「天下壤壤」，乃係古諺，見《史記・貨殖列傳》，字作「壤」，而《周易・无妄》則作「攘攘」，又《太平御覽》卷四百九十六引《六韜》亦作「攘攘」。據此，則「攘攘」與「壤壤」字又通。《集韻・養韻》「躟、儴」云：「躟躟，疾行，或从彳。」是「躟」與「儴」音義並同。此蓋躟與壤、攘、儴諸字，並由「襄」得聲，故字得通。然則，尤本及注引《埤蒼》作「躟」，必有所據。前胡「疑尤誤改」，非是。毛本兼參尤本與六臣合注本，陳校則依尤還尤，亦是也。

或有踰埃赴轍　注：《列子》：伯樂曰：天下之馬，絕塵弭轍。言為踰越於塵埃之前。

【陳校】

注「言為踰越」。「為」，作「馬」。

【疏證】

奎本以下諸六臣合注本、尤本悉作「馬」。謹案：但觀上引《列子》語，亦可推字當作「馬」。毛本獨形近而譌，陳校當從上下文義、尤本等正之。